Eduard Engel
Shakespeare

Mit einem Vorwort von Esther Gückel

Engel, Eduard: **Shakespeare**.
Hamburg, SEVERUS Verlag 2013.

ISBN: 978-3-86347-494-2
Druck: SEVERUS Verlag, Hamburg, 2013
Lektorat: Esther Gückel

Der SEVERUS Verlag ist ein Imprint der
Diplomica Verlag GmbH.

Bibliografische Information der Deutschen Nationalbibliothek:
Die Deutsche Nationalbibliothek verzeichnet diese Publikation in der Deutschen Nationalbibliografie; detaillierte bibliografische Daten sind im Internet über http://dnb.d-nb.de abrufbar.

Die digitale Ausgabe (eBook-Ausgabe) dieses Titels trägt die ISBN 978-3-942382-98-4 und kann über den Handel oder den Verlag bezogen werden.

© SEVERUS Verlag
http://www.severus-verlag.de, Hamburg 2013
Printed in Germany
Alle Rechte vorbehalten.

Der SEVERUS Verlag übernimmt keine juristische Verantwortung oder irgendeine Haftung für evtl. fehlerhafte Angaben und deren Folgen.

Vorwort

Wie Thomas Mann einst schrieb, wohnt Shakespeares Sprache eine vereinigende, bindende, kolonisierende Kraft inne, die erklärt, wie er imstande war, auch weit über die Grenzen Britanniens hinaus sowohl damalige als auch heutige Literaten in stilistischer sowie thematischer Hinsicht zu prägen. Mehr als verständlich ist es daher, dass dieser zu vollkommener Freiheit aufgeweckte Geist, der die gewaltigen Mittel der alten Schule verinnerlicht hatte und zu neuer Größe führen konnte, auch lange nach seinem Ableben Bewunderung und Verehrung erfährt. Durch seine kulturvermittelnde Rolle und seine reinen, tiefen Werke, deren Einfluß bis dato unauslöschlich ist, führte er die englische Literatur zum Weltrang.

Wie Eduard Engel verdeutlicht, ist es für das Verständnis dieses Dichters weniger entscheidend, seinen Lebensweg lückenlos nachzeichnen zu können; vielmehr ist die Auseinandersetzung mit seinem Werk von unerläßlicher Bedeutung. Es sagt soviel über Shakespeare aus, dass man damit den Dichter identifizieren kann. Was er geschaffen hat, ist eine Vereinigung von Virtuosität und Gefühl, Sprachkunstwerke, die den Leser das Schöne erfahren lassen und seinen Geist einhüllen. August von Platen schrieb: „Wen der Pfeil der Schönheit je getroffen, ewig währt für ihn der Schmerz der Liebe", und es könnte in Bezug auf die Beschäftigung mit Shakespeares Werken nicht treffender formuliert werden. Er hat etwas Bleibendes geschaffen, etwas Wunderliches und zugleich Zauberhaftes. Man findet keine überspannten Ideen, sondern stößt vielmehr auf feinsinnige und distinguiert gezeichnete Personen sowie notwenige und natürlich herbeigeführte Begebenheiten – Shakespeare schließt sein Herz auf und gießt es in seine Texte, er läßt die Worte tanzen, sodass selbst die tristesten Landschaften zu strahlen beginnen. Er vollbringt es meisterhaft, gerade die gebrochenen Seelenfarben darzustellen, das Widersprüchliche und Vieldeutige der menschlichen Seele zu einer Einheit zu verschmelzen und bis in die tiefsten Winkel miteinander zu verbinden. Die überschattende Größe dieses Dichters, seine Leichtigkeit beim Schaffen, die ihm aufs Glänzendste innewohnende Fähigkeit, das Wesen seiner Figuren wie eine Knospe auseinanderbrechen zu lassen, die Seelen überwallen zu lassen, könnte selbst der Asche Glut entlocken.

Shakespeare zählt zu den wenigen Dichtern, die es verstehen, die zahllosen Gedanken, die sich im Schädel hegen, die unermüdlich und wüst irrlichtern, so zu bündeln und das Leben in all seiner Vielfalt darzustellen, ohne seine Werke damit zu ersticken. Und doch hat kaum ein Schriftsteller so viele und vor allem gegensätzliche Beurteilungen erfahren wie Shakespeare. Insbesondere seine Art zu dichten, seine Originalität und schonungslose Selbstständigkeit bezüglich der Form, stieß immer wieder auf Kritik seitens ewig Gestriger. Obwohl darüber hinaus das Gefühl des literarischen Neids den Glanz seines Ruhmes oftmals zu verdunkeln suchte, ist es bis heute nicht gelungen, Shakespeare seinen hohen Rang in der Literaturgeschichte Britanniens streitig zu machen. Er hat sich ein Denkmal geschaffen, durch das sein Wesen lebendig bleibt. Es umfaßt Liebe und Grimm, Skeptizismus und Gemüt, Sensibilität und Dämonie – gerade die Verbindung des scheinbar nicht zu Vereinbarenden macht seinen Genius aus.

Khalil Gibran schrieb über die Tätigkeit eines Dichters:

„Er ist ein Sämann,
der die Samen seines Herzens aussät
in Gärten der Gefühle,
wo sie reiche Frucht tragen."

Demgemäß hat Shakespeare Dichtung geschaffen, die so makellos und rein ist, so angenehm und füllig, als sei sie aus einem Stück Regenbogen geschaffen. Nicht zuletzt deshalb sind seine Stücke aus dem Repertoire internationaler Bühnen nicht mehr wegzudenken. Seine poetischen Ergüsse sind mit einer unermeßlichen Kraft und Gewandtheit hervorgebracht, mit einem kühnen Vertrauen auf sein eigenes Können. Seine seelenvoll erschaffenen Werke hinterlassen noch heute einen überragenden Eindruck. So wurden sie darüber hinaus für das moderne Medium des Films entdeckt, das die den Geschichten innewohnende Zeitlosigkeit in beindruckender Weise verdeutlicht.

Die Tiefe, mit der er den Rezipienten an seinen seelischen Erfahrungen teilhaben lässt, eröffnet neue Welten, neue, unabsehliche Länder, die erbauen und befruchten. Der Sinn, der in seinen Werken liegt, die hohe, einfache Größe, die das Ganze auszeichnet, vollbringt es, gleichgestimmte Seelen wunderbar zu begeistern. Shakespeare zeichnet komplexe menschliche Situationen und erzeugt durch die Verbindung des Inhalts seiner Werke mit einer inneren Harmonie der Verse eine revolutionäre Dimension, die gehaltvoll ist aus dem tiefsten Grund. So erreichen die seinen Werken innewohnenden Zauberkräfte oftmals selbst das trotzigste Wesen und rufen die einzig angemessene Reaktion hervor: Ergriffenheit.

Esther Gückel

Inhaltsverzeichnis

Vorwort 5

Geleitwort 10

1. Einleitung. 13
2. Shakespeares Leben. 17
3. Shakespeares Werke. 42
4. Shakespeares dichterische Begabung. 74
5. Shakespeare der Künstler. 91
6. Shakespeares Bildung und Ouellen. 103
7. Die Zeitgenossen über Shakespeare, und das Schicksal seiner Werke in England. 109
8. Shakespeare in Deutschland und Frankreich. 119
9. Rätselfragen über Shakespeare. 127
10. Der Bacon-Wahn. 134

Geleitwort

Zieh aus, mein kleines Buch, und erfülle den Zweck, für den ich dich geschrieben! Nicht Solchen, die ihr Leben der Erforschung Shakespeares geweiht, viel Neues zu sagen. Vielleicht kann es aber auch Denen nicht schaden, wenn du ihnen sagst, daß durch die bisherige Art der Shakespeare-Darstellung der Boden für den unsagbar albernen Bacon-Wahn bereitet worden: durch die in allen dicken Büchern über den Dichter sich wiederholende grundfalsche Redensart: „Von Shakespeare wissen wir nichts oder so gut wie nichts." Es wäre Lohnes genug für schwere Arbeit, wenn es dir gelänge, diesem Irrtum ein Ende zu sehen.

Geschrieben wurdest du, mein Büchlein, für die Zahllosen, die Shakespeare lieben, aber nicht Monate oder Jahre an das Studium der Wissenschaft von Shakespeare wenden können. Ihnen sollst du sagen, was englischer und deutscher Forscherfleiß seit mehr als hundert Jahren ergründet und festgestellt hat. Aus reicher Erfahrung weiß dein Verfasser, daß selbst bei vielen hochgebildeten Menschen, die ihren Shakespeare kennen wie ihren Goethe, fast völlige Unwissenheit herrscht über Shakespeares Leben und seine Stellung inmitten der Zeitgenossen. Trotz, vielleicht gar wegen, der vielen dicken Bücher über Shakespeare hat es geschehen können, daß der größte Dichter neben Goethe von einer Narrenschar zum Mythus verzerrt wurde, und daß die gebildete Welt diesen Unfug gewähren ließ, ja ihn mitmachte.

Vielleicht gelingt dir dünnem Büchlein, was den dicken Bänden mißlungen ist: die Ergebnisse der Shakespeare-Wissenschaft in jene weiten Kreise zu tragen, denen Neigung, Zeit und Vermögen zur Anschaffung und zum Studium teurer Bücher fehlen. Du sollst Irrtümer berichtigen, blöden Unsinn vernichten, wenn das in Menschenmacht liegt, vor allem aber anspornen zum Genuß des Shakespeare-Dramas, der erquicklicher ist als alle äußerliche Wissenschaft von Shakespeare.

Auch an die Jugend, an die reifenden Schüler und Schülerinnen unserer höheren Lehranstalten habe ich bei deiner Abfassung gedacht. Sie mögen sich später an die größeren Quellenwerke wenden, wenn sie Shakespeare zu ihrem Sonderstudium wählen; aber zur Vorbereitung sollst du ihnen alles Wissenswerte über den Mann, über seine Bedeutung und seine Kunst auf bequem zu übersehendem Räume mitteilen.

Du bist nur eines, das kleinste, unter den Hunderten von Büchern, die alle auf des einen gewaltigen Menschen Shakespeare Namen gehen. Vielleicht wirbt dir gerade dein bescheidener Umfang Freunde unter Denen, die meinen,

Bücher über große Dichter sollten nicht so dick sein wie die Dichterwerke selber.

Berlin, 28. Februar 1897.
Eduard Engel.

1. Einleitung.

„Es ist über Shakespeare schon so viel gesagt, daß es scheinen möchte, als wäre nichts mehr zu wünschen übrig; und doch ist dies die Eigenschaft des Geistes, daß er den Geist ewig anregt."— „Man kann über Shakespeare gar nicht reden, es ist alles unzulänglich." — Seit diesen Worten Goethes ist es für Jeden, der über Shakespeare schreibt, noch viel schwerer geworden, Zulängliches, geschweige Neues zu sagen. So ungeheuer ist durch die Forschungen ausgezeichneter Männer der Wissensstoff über Shakespeare angeschwollen, daß heute keines Menschen volles Leben ausreicht, ihn zu bewältigen, und schon die Kenntnis alles Besten und Guten einen großen Aufwand an Kraft und Zeit fordert. Zum Glück ist die erste und letzte Quelle: Shakespeares Werke, immer bereit, alle Schriften über ihn zu ersetzen, und zum vollen Genuß des Dichters reichen seine Werke und eine sehr kleine Zahl hervorragender Arbeiten über ihn aus. Diese Auswahl des Besten findet man auf S. 151 zusammengestellt.

In dem engen Rahmen dieses Buches soll seinem Zwecke gemäß nur das Allernotwendigste in knappster Fassung geboten werden, vor allem das zum Verständnis der Stellung Shakespeares in seiner Zeit Wichtigste aus der Fülle des Wissenswerten. Von jedem Leser wird die Kenntnis der Dichterwerke selbst vorausgesetzt und das Studium eines der Bücher aus dem Schlußverzeichnis erwartet. Wer sich mit einem Buche bescheiden will, der lese das allerbeste: „William Shakespeare" von Georg Brandes (1896).

Die Schwierigkeit einer Darstellung dieses größten Dramatikers aller Zeiten liegt nicht allein darin, daß er, nach Goethes Worten, „gar zu reich und zu gewaltig ist". Es gilt auch, einen seit zwei Jahrhunderten festgewurzelten Irrtum zu zerstören, der das Bild des Dichters fast unheilbar verschoben hat und ihn in neuester Zeit zu einem Mythus zu machen droht: den im 18. Jahrhundert aufgekommenen und durch die Macht der Gewohnheit verstärkten Aberglauben, „wir wüßten von Shakespeare fast gar nichts". Dieser von der Wissenschaft viel zu lange geduldete Irrtum ist auch der Nährboden für den abgeschmacktesten Blödsinn, der je in der Literaturgeschichte dagewesen: für den Baconismus.

Entgegen jenem Aberglauben von unserem Nichtswissen über Shakespeare stehe an der Spitze dieses Buches der wohlerwogene Ausdruck der Überzeugung: von keinem großen Dramatiker, von keinem großen englischen Dichter des 16. Jahrhunderts wissen wir so viel oder mehr als von William Shakespeare. Klar steht für Jeden, der sich in ihn und seine Zeit vertieft, das äußere Lebensbild des Menschen Shakespeare in allen wichtigen Umrissen da; klar auch, soweit über das Geheimnisvollste der Erdenwelt, das Werden und Wirken des Genius, Klarheit bestehen kann, sehen wir ihn in die dramatische Bewegung jenes unvergleichlichen Jahrhunderts eintreten und sie gleich vom Anbeginn seiner Tätigkeit so stürmisch beflügeln, daß er bald einsam voranschreitet bis an seine letzten Ziele.

Zu einem Mythus konnte Shakespeare nur werden in unserem alexandrinischen Zeitalter, in dem Dichter nicht von Dichtern und gebildeten, dichtungsfrohen Menschen, sondern von Philologen beurteilt werden. Diese haben den Mythus schaffen helfen, indem sie in ihrer Stumpfheit gegen das Größte Shakespeares, das wir ja alles besitzen: seine Dichtungen, nach Nebendingen forschten, die sie für den Schlüssel zu seinem Wesen hielten. Goethe und seine großen Zeitgenossen: Wieland, Herder, Lessing, Schiller — sie besaßen nicht ein Zehntel unserer heutigen Shakespeare-Kunde und haben doch unendlich mehr von ihm gewußt, als alle bloße Philologie je ermitteln kann. Die haben auch gar kein äußeres Mehrwissen entbehrt, weil ihnen das über den Kern seines Wesens doch nicht mehr gesagt hätte.

Daß die Forschungen und Darstellungen Shakespeares durch Männer wie Elze, ten Brink, Halliwell nicht von dieser Anklage gegen das Philologentum betroffen werden, ergibt sich schon daraus, daß jene Namen nicht bloß Philologen, sondern Männer mit allseitiger Bildung bezeichnen. Aber auch sie alle werden durch den einen Nichtphilologen Georg Brandes überholt, der ohne eigene schöpferische Begabung doch das feinste Gefühl für die Vorgänge im Innersten der Dichterseele hat, und das ist das Entscheidende für alle Literaturforschung.

2. Shakespeares Leben.

Erstaunlich ist der Reichtum des uns hinterbliebenen Wissens von Shakespeares Leben und dichterischer Laufbahn, wenn man zusammenhält: die gesellschaftlich verachtete Stellung der Schauspieler; die Nichtachtung dramatischer Dichtungen, die bis zu ihrer Ausschließung aus der vollwertigen Literatur ging; den Brand des Globe-Theaters, dessen Mitbesitzer Shakespeare gewesen war und in dem zweifellos Handschriften und Beweisstücke aller Art verbrannt sind; der Bürgerkrieg; die Schließung aller Theater (1642) und die Zerstreuung ihres Schriftenbestandes; der große Londoner Brand (1666); vor allem aber die von Shakespeare und allen Zeitgenossen geteilte Ansicht, daß der Dramatiker seine Aufgabe erfüllt habe, wenn die Stücke geschrieben und aufgeführt seien, daß ihre Drucklegung anmaßend und obendrein für seine einzige Erwerbsquelle schädlich sei: für das Theater. Dazu kommt noch das von allen Freunden Shakespeares übereinstimmend berichtete Urteil über das persönliche Wesen des Dichters: über seine mehr beobachtende als sich vordrängende Art im Kreise seiner Kunstgenossen. Wahrlich es muß als das Spiel eines besonders glücklichen Zufalls gelten, daß uns doch urkundliche Beweise genug geblieben, um sein äußeres Leben erzählen zu können, und genug Stimmen aus seiner unmittelbaren Umgebung, um seine außergewöhnliche Stellung schon für seine Zeit zu erkennen.

Aus fünf hauptsächlichen Quellen fließt unsere Shakespeare-Kunde: aus Urkunden, aus örtlichen Überlieferungen, aus dem Studium der literarischen Verhältnisse im 16. Jahrhundert, aus den Mitteilungen der schriftstellerischen Zeitgenossen; zuletzt, nicht zum geringsten, aus des Dichters Werken. — Die Urkunden sind die wenigst zahlreichen, denn für den Staat und die Stadtgemeinde gibt es keine Dichter, sondern nur Einwohner, die geboren, getauft, verheiratet und begraben werden, nachdem sie zuvor Testamente gemacht haben. Die Urkunden für Taufe, Heirat, Testament, Begräbnis Shakespeares sind uns erhalten, auch für Geburt, Heirat, Tod seiner Angehörigen und Nachkommen. Aus seinem sonstigen Erdenwallen sind noch Kaufbriefe, Schuldurkunden, auch einige Aktenstücke über seine Beziehungen als Schauspieler zum Hofe, ferner die Buchhändlerrolle mit Eintragungen gedruckter Dichtungen Shakespeares vorhanden. Alle Urkunden seines Lebens sind mehrfach durch Lichtdrucke vervielfältigt worden.

Ergänzend treten hinzu die örtlichen Überlieferungen in Stratford. Was an solchen bis ins 17. Jahrhundert zurückgeht, ist nicht ohne weiteres als unglaubwürdig zu bezeichnen; manches davon ist durch später gefundene Urkunden bestätigt worden. Nach diesen Überlieferungen und einigen Urkunden hat der Dichter Rowe einer Shakespeare-Ausgabe von 1709 die erste Lebensbeschreibung des Dichters beigefügt, die Quelle aller folgenden.

Zum wahren Verständnis für Shakespeares Stellung zu seinen Zeitgenossen und für viele auf den ersten Blick rätselhafte Erscheinungen in seinem Verhalten, z. B. für die Sorglosigkeit seinen Werken gegenüber, ist eine eindringende Kenntnis der gesellschaftlichen und literarischen Verhältnisse seiner Zeit unentbehrlich. Je mehr man davon erfährt, desto klarer tritt auch Shakespeare im Rahmen jener Welt hervor. Hierfür haben englische Gelehrte wie Furnivall, Ingleby, Halliwell Außerordentliches geleistet, und die deutsche Shakespeare-Forschung ruht auf den Grundlagen jener verdienten Männer.

Für die Stimmen der Zeitgenossen über Shakespeare, diese so wichtige Quelle, bietet das prächtige Werk „A century of praise" für die New Shakespeare Society von Ingleby veröffentlicht, eine unschätzbare Fundgrube. Hinzugekommen sind noch die von Furnivall zur Ergänzung herausgegebenen „gegen 300 neue Anspielungen auf Shakespeare" (für 1594—1694). Beide Sammlungen enthalten allein bis zu Shakespeares Tode (1591/92—1616) 255 zeitgenössische Erwähnungen, Urteile, Anspielungen!

Wie viel aus Shakespeares Dramen selbst für

das Verständnis seiner geistigen Entwickelung, aber auch für die Kenntnis von seinem Lebensgange zu schöpfen ist, das hängt von dem Verständnis für geistige Zusammenhänge ab. Nicht darf jedes Wort des Dichters als eine Selbstoffenbarung gedeutet werden; daß aber zwischen dem Seelenleben, ja auch der äußeren Lebensgestaltung eines Dichters und seinem künstlerischen Lebenswerk erkennbare Beziehungen bestehen müssen, das bedarf keines Beweises. So töricht es ist, aus Shakespeares Kenntnissen des Rechtslebens, des Schulwesens, der Soldatensitten u.s.w. zu schließen, daß er Advokat, oder Lehrer, oder Soldat gewesen, so richtig ist der Satz, mit dem Georg Brandes sein Meisterwerk über Shakespeare schließt: „Wenn wir ungefähr vierzig gewichtige Schriften von einem Manne besitzen, so ist es ausschließlich unser eigener Fehler, wenn wir durchaus nichts von ihm wissen." Natürlich müssen innere Beziehungen dieser Art mit zartester Vorsicht und feinstem Nachempfinden geahnt werden, sind also der bloßen Philologie entzogen.

Die folgende knappe Darstellung des Lebens Shakespeares fließt aus den obengenannten fünf Hauptquellen und allen besten Zusammenfassungen ihrer Ergebnisse. Daß hierbei auch Schlüsse hoher Wahrscheinlichkeit mithelfen müssen, ist klar.

Shakespeares Leben bis zum Verlassen der Heimat.

In Stratford am Avon, einem Städtchen in Warwickshire von damals 1500 Seelen, wurde William Shakespeare am 23. April 1564 geboren und am 26. April getauft. Der Tauftag ist urkundlich, der Geburtstag nicht. Des Dichters Geburtshaus in Henleystreet ist leidlich erhalten. Sein Vater John Shakespeare wird als Handschuhmacher, auch als Neoman (Freisasse) bezeugt; andre Quellen nennen ihn Wollhändler und Fleischereibesitzer. Er besaß zwei Häuser in Stratford und vermehrte seinen Wohlstand durch die Heirat (1557) mit Mary Arden aus einem sehr alten Gentry-Hause, also aus kleinem Landadel.

Die Schreibung Shakespeare ist die in der ersten Gesamtausgabe seiner Werke („Folio von 1623") und stimmt zur Londoner Aussprache; in Stratford scheint „Schäckspir" gesprochen zu sein, wie denn auch die Schreibung Shakspere in den Handschriften des Dichters die häufigste ist. Schwankungen der Namenrechtschreibung waren damals so gewöhnlich, daß von dem Namen Raleigh mehre Dutzend, von Shakespeare über 40 Schreibungen vorkommen.

Der Vater John Shakespeare war ein wohlhabender und angesehener Bürger, der es bis zum ersten Alderman, also Bürgermeister, brachte (1571). Daß der Sohn des ersten Bürgers die in

Stratford vorhandene Free Grammar School (Lateinschule) besucht hat, dafür bedarf es keines Beweises. Er hat in jener Schule die gewöhnlichen Kenntnisse und Latein gelernt: außer Ben Jonsons selbstgefälliger Bemerkung, Shakespeare habe „small Latin and less Greek" gewußt, —also doch etwas Griechisch! — ist die Szene in den „Lustigen Weibern" (Akt IV 1), wo der kleine William Page über die Geheimnisse von Hic, haec, hoc befragt wird, eine Jugenderinnerung: die lateinischen Beispiele stehen alle in der damals gebräuchlichen lateinischen Schulgrammatik von Lily.

William Shakespeare war das dritte Kind, der erste Sohn, des Hauses; zwei Schwestern waren vor seiner Geburt gestorben. Nach ihm geboren sind: eine Schwester, die ihn überlebte und in seinem Testament bedacht wird; eine zweite, früh gestorbene, Schwester; drei Brüder: Gilbert, Richard, Edmund; Gilbert und Edmund starben als Schauspieler in London (1607); von Richard ist nichts bekannt.

Als William 5 Jahre alt war (1569), gaben „Schauspieler der Königin" und des Grafen Leicester in Stratford Vorstellungen. Von 1569 bis 1587 waren 24mal Theatergesellschaften in Stratford, denen der Bürgermeister die Erlaubnis und die Räumlichkeit zu geben hatte. Williams Zuschauerschaft in früher Knabenzeit ist kaum zu bezweifeln.

Die Aufführungen der Coventry-Mysterien hat der Knabe gleichfalls gesehen: Coventry liegt unweit Stratfords. Er vergleicht die „schwarzen Seelen" in der Hölle der Mirakelspiele mit dem Floh auf Bardolphs roter Nase („Heinrich V.", Akt II 3) und erinnert sich im „Hamlet" (III 2) des brüllenden Herodes aus denselben Spielen. John Shakespeare hat wahrscheinlich seinen ältesten Sohn zu dem nahegelegenen Schloß Kenilworth mitgenommen, wo 1575 Graf Leicester die Königin Elisabeth mit prunkhaften Festen unterhielt. Die Beschreibung Oberons im „Sommernachtstraum" (II 1) stimmt genau mit einigen Glanzpunkten aus Shakespeares Knabenerinnerungen an Kenilworth.

Um die Zeit, als William Shakespeare die Lateinschule durchlaufen hatte (um 1578), begann der Verfall des Wohlstands seines Vaters, der bis in die 90er Jahre fortgedauert hat. Nach 1592 hören wir nur noch einmal von John Shakespeare: von seinem Tode (1601), zu einer Zeit, als sein großer Sohn ein wohlhabender Mann und Besitzer von Grundstücken in der Heimatstadt, also auch die Stütze der ganzen Familie geworden war. — Mary Arden-Shakespeare ist 1609 gestorben.

Über die Zeit zwischen dem Verlassen der Schule und der ersten Manneszeit hören wir aus unsicheren Überlieferungen nur, daß William seinem Vater in allerlei Hantierung behilflich gewesen sei, gelegentlich wohl auch im Metzgergewerbe, „wobei er Reden gehalten habe".

Im November 1582, also im 19. Lebensjahr, vollzog er nach vorangegangenem Verlöbnis, das in der Rechtswirkung der Ehe fast gleich galt, seine Verheiratung mit der 8 Jahre älteren Anne Hathaway. Am 26. Mai 1583 wurde ihr erstes Kind, Susanna, getauft; im März 1585 die Zwillinge Hamnet und Judith. Sein einziger Sohn Hamnet, so benannt nach einem befreundeten Gevatter Hamnet Sadler, ist schon 1596 in Stratford gestorben, als der Dichter in London lebte.

Über die Frage, ob Shakespeare eine glückliche Ehe geführt, gibt es natürlich, wie über jede Seite seines Lebens, eine ganze Literatur. Wir wissen Sicheres darüber so wenig wie über die Ehen seiner dichterischen Zeitgenossen und anderer Leute. Im „Sommernachtstraum" (I 1) und in „Wie es Euch beliebt" (II 1) finden sich Bedenken gegen die Ehe des Mannes mit einer älteren Frau. Das besondere Vermächtnis des „zweitbesten Bettes und des Hausgerätes" an seine Frau ist eher ein Beweis besonderer Freundlichkeit: sie war schon versorgt, und dieses Vermächtnis steht als nachträglicher Zusatz im Testament. Bei der Bildungslosigkeit seiner Frau wird die geistige Gemeinschaft der Gatten nur gering gewesen sein.

Im Jahre 1585 oder bald nachher hat William Shakespeare Stratford verlassen und sich nach

London begeben. Nicht ausgemacht, aber möglich ist es, daß den letzten Anstoß für den erwerbslosen jungen Mann von 21 Jahren mit einer heranwachsenden Familie die Sorge vor den Folgen einer Wilddieberei in Sir Thomas Lucys Park gegeben, worüber nach einer sehr alten Ortsüberlieferung schon die erste Lebensbeschreibung von Rowe berichtet. Der Friedensrichter Sir Thomas Lucy of Charlcote soll den Wilddieb hart bestraft haben. Sir Thomas hat tatsächlich gelebt und im Parlament eine Verschärfung der Wildschutzgesetze beantragt. In seinem Wappen führte er Hechte woraus Shakespeare in den „Luftigen Weibern" (I 1) Läuse macht, „die einem alten Wappenrock gut anstehen". Ob ein mehr grobes als witziges Spottgedicht auf Lucy von Shakespeare herrührt, bleibt zweifelhaft.

Shakespeares Leben in London bis zum Beginn seiner Berühmtheit. —

Diese Zeit ist natürlich die dunkelste. Über sein äußeres Leben wird unverbürgt gemeldet, er habe sich zum Theater als zu einer Stelle raschen Erwerbs gewandt und mit niedriger Beschäftigung begonnen: die Pferde der aus den entlegenen Stadtteilen zum Theater gerittenen Besucher während der Vorstellung in Obhut zu nehmen; später habe er sich hierfür einen Stab von Pferdejungen gehalten, die als „Shakespeare's boys" besonderes Vertrauen genossen hätten. Allmählich sei er als eine Art zweiten Regisseurs ins Theater selbst eingetreten und habe alsdann die Bearbeitung alter Stücke für den neuen Geschmack übernommen. Daß er später die Tätigkeit eines Dramaturgen am Globe-Theater geübt, steht fest.

In diesen Lehrjahren, zwischen 1585 und 1591, hat Shakespeare seine aus Stratford mitgebrachten Schulkenntnisse durch eine sehr umfangreiche und mannigfache Bildung erweitert. Er muß ungemein viel gelesen haben: Übersetzungen griechischer und römischer Schriftsteller, ältere und zeitgenössische englische Literatur, Übersetzungen italienischer Erzählungen und vieles andere. Die Belesenheit, die aus seinen Dramen hervorgeht, zeigt den nichtgelehrten aber emsigen Leser, der sich alles aneignet, was aus leichtzugänglichen Büchern zu schöpfen ist; sie überschreitet aber nicht das Maß dessen, was jeder lerneifrige, begabte Mann mit einigen Vorkenntnissen in 4-5 Jahren bequem zusammenlesen kann, und unterscheidet sich im Was und Wie durchaus von der klassischen Bildung jener Zeit z. B. bei Männern wie Bacon und Ben Jonson. Erleichtert wurde Shakespeare das Bücherlesen durch seine Beziehung zu dem aus Stratford gebürtigen Buchhändler und Verleger Richard Field in London; einige der von Shakespeare benutzten Bücher waren bei diesem seinem Landsmann erschienen. Field wurde auch sein Verleger für Venus and Adonis. Die Verwunderung über Shakespeares angeblich ungeheure Belesenheit verrät die Unkenntnis der zahllosen Quellen, aus denen auch ohne akademische Laufbahn ein strebsamer Mensch hohe Bildung schöpfen kann, im 16. Jahrhundert so gut wie heutzutage, wenn auch damals weniger bequem.

An diese Lehrjahre Shakespeares knüpft die Vermutung an, er sei mit den auf dem Festlande auftretenden englischen Schauspielergesellschaften umhergezogen und vielleicht gar nach Deutschland gekommen. Es ist eine unbewiesene Vermutung geblieben (vgl. S. 120).

1589 besaß Shakespeare schon einen Anteil am Blackfriars-Theater, später erst ging er zum Globe-Theater über, für das er als Schauspieler, Dramaturg, d. h. Einrichter und Bearbeiter fremder Stücke, und als Dichter wirkte, indem er zugleich einer der Hauptteilhaber blieb.

Die wenigen Zeitstimmen über Shakespeares schauspielerische Tätigkeit lauten dahin, daß er erste Rollen, Könige, gespielt, ferner den Geist im Hamlet, den Adam in „Wie es Euch beliebt", Hauptrollen in Stücken Ben Jonsons. Daß er ein nicht gewöhnlicher Schauspieler gewesen sein muß, geht aus der selbstbewußten Sprache hervor, mit der er durch Hamlets Mund (III 2) den Schauspielern seine Lehren gibt; das durfte sich nur ein Mann erlauben, der selbst als Bühnenkünstler Ansehen besaß.

In das Jahr 1593, in dem wegen der Pestgefahr alle Theater Monate lang geschlossen waren, muß Shakespeares Reise nach Italien gefallen sein, falls sie gemacht worden. Elze hält sie mit einer Fülle annehmbarer Gründe für möglich (Shakespeare-Jahrbuch, Band 8). Die Ortsstimmung im „Kaufmann von Venedig" ist echt italienisch, wobei zu bemerken, daß Shakespeare sich sonst selten Mühe um die Ortsfarbe gibt. Brandes stimmt Elze zu. Eine solche Reise war in jener Zeit sehr gewöhnlich: Lyly, Nash, Lodge waren auch in Italien gewesen. Ob die Reise Shakespeares durch Frankreich oder Deutschland gegangen, wer kann das heute sagen? Eher durch Deutschland, denn es war das Reiseland für englische Schauspieler.

In den Jahren von etwa 1589 bis 1594 hat er seine ersten Flüge als Dramatiker gewagt und einige andere Dichtungen verfaßt, die ihm einen hervorragenden Rang unter den Schriftstellern seiner Zeit verschafften: Venus and Adonis (1593) und Lucrece (1594). Vom Jahre 1591 beginnen die Anspielungen zeitgenössischer Dichter auf ihn als ihresgleichen; die erste Anspielung, von Spenser, ist nicht völlig sicher auf Shakespeare zu beziehen, paßt aber, wegen der Wendung von des Dichters „heroisch klingendem Namen", auf keinen andern wie auf ihn.

Um 1592 muß Shakespeare schon eine so bedeutende Stellung als Dramatiker erlangt haben, daß der neidische, von ihm überflügelte Robert Greene seine berühmt gewordene Warnung an seine Freunde vor dem emporsteigenden Genius richtete. Sie findet sich in einer Flugschrift A groats-worth of wit bought with a million of repentance und ist die erste literarische Erwähnung Shakespeares als erfolgreicher Dramatiker (1592). Sie ist von solcher Wichtigkeit für Shakespeares Lebensgeschichte und so bezeichnend für die ganze Dramatikerwelt, in die der junge Stratforder mit seinem „geringen Latein und weniger Griechisch" hineingeraten war, daß sie nicht fehlen darf. Greene warnt seine drei lockeren Kumpane Marlowe, Nash und Peele, sich nicht allzu viel einzubilden auf ihre dramatische Begabung, „for there is an uptart crow, beautified with our feathers, that, with this ‚Tyger's heart wrapt in a Player's hide', supposes he as well able to bombast out a blanke verse as the best of you; and being an absolute Johannes Factotum, is in his own conceit the onely Shake-scene in a countrie". Der Vers vom „Tigerherzen" ist mit kleiner Änderung aus Shakespeares „Heinrich VI., 3. Teil"; „Johannes Factotum" spottet über Shakespeares dreifache Tätigkeit als Schauspieler, Bearbeiter fremder Stücke und selbständiger Dramatiker; Shake-scene, dieses wundervolle profetische Wort über den „Bühnenerschütterer" (von Ben Jonson später wiederholt), witzelt über den „Speerschwinger" aus

Stratford, den „Emporkömmling" Shakespeare, der sich mit fremden Federn schmücke, nämlich nach eigenem Dichterrecht und allgemeinem Brauch gute Stoffe und einen guten halben oder ganzen Vers da nahm, wo er ihn fand. Shakespeare muß aber im Kreise seiner Kameraden von der Theaterdichtung sich eine solche Achtung erworben haben, daß Einer von ihnen, Chettle, für ihn gegen den Angreifer eintrat und in einer Flugschrift „Kinds heart's dream" an ihm rühmte: „höfliches Benehmen, ausgezeichnet als Schauspieler, Ehrenhaftigkeit in Geschäften, glückliche Anmut in seinen Dichtungen". Dies geschah im Dezember 1592.

Persönlich befreundet war Shakespeare mit dem 9 Jahre jüngeren Carl of Southampton geworden, dem er seine Dichtung „Venus und Adonis" widmete (1593). Das Freundschaftsverhältnis zwischen dem sehr jungen Grafen und dem heranreifenden Dichter muß ein sehr inniges gewesen sein: die Widmungsworte in der 1594 erschienenen an denselben Carl lauten u. a.: „What have I done, is yours; what I have to do, is yours; being part of all I have, devoted yours".

1594 hat Shakespeare mit Richard Burbage vor Elisabeth gespielt: die Rechnung des Hofschatzamts bescheinigt es. — Von jetzt ab steigt des mittellos nach London gekommenen Dichters Ansehen und Wohlstand: 1596 bewirbt er sich für seinen Vater um ein Familienwappen des

Kleinadels, 1599 wird es ihm gewährt mit einem Falken und dem Speer seines Namens und dem stolzen Wappenspruch „Non sanz droict", dem wahrsten, das je in einem Adelsbrief gestanden. — 1597 hilft er seinem Vater mit Geld in einem Rechtstreit um das Ardensche Familiengut Ashbies; im gleichen Jahr tauft er für 60 £ (im Geldwert von heutigen 6000 M) New Place, eines der größten Stratforder Grundstücke.

Um 1598 wird er von Francis Meres in seiner „Schatzkammer der Pallas" (Palladis Tamina) mit den größten Dichtern des Altertums auf eine Stufe gestellt und als Verfasser der „zuckersüßen unter seinen Freunden umlaufenden Sonnette" und von 12 Dramen gepriesen. Zugleich wird schon damals seine Sprachmeisterschaft (finefiled phrase) hervorgehoben.

1601 stirbt sein Vater. — 1602 wird Shakespeare Teilhaber am Globe-Theater und dadurch ein reicher und reicherer Mann: er kauft für 320 £ (heute 32 000 Mark) weiteren Grundbesitz in Stratford, im selben Jahr abermals, und in den Kaufbriefen heißt er von jetzt „William Shakespeare, Gentleman". Und um sein Vorwärtskommen in Dingen dieser Welt zu vervollständigen: 1605 kauft er für 440 £ (heute 44 000 Mark) den Ertrag der Zehntenabgaben von Stratford, in allen diesen Erdengeschäften immer derselbe umsichtige Wirklichkeitsmensch.

1603 stirbt die Königin Elisabeth. Fast allein

von allen Dichtern bleibt Shakespeare stumm: sein Herz war voll Gram und Groll wegen der Behandlung seines Gönners Southampton, der, in Essex' Verschwörung und Todesprozeß hineingezogen, erst durch Jakobs I. Thronbesteigung die Freiheit wiedergewann. Shakespeare wurde wegen seines Schweigens von Chettle getadelt. Bald darauf finden wir seinen Namen als zweiten in dem Freibrief des neuen Monarchen für die „Schauspieler des Königs". Nach 1603 wird Shakespeare als Schauspieler nicht mehr genannt.

1607 verheiratete seine älteste Tochter Susanna sich mit einem Stratforder Arzt John Hall; in demselben Jahr starb sein jüngster Bruder Edmund in London als Schauspieler. William Shakespeare bezahlte allein 100 Mark nach heutigem Gelde für das Glockengeläut beim Begräbnis. — 1608 starb des Dichters Mutter; bei ihrem Tode, sicher aber einen Monat nachher, war er in Stratford. Einige Monate zuvor war das einzige Enkelkind, Elisabeth Hall, geboren, das Shakespeare mit Augen gesehen.

Wann der Dichter London dauernd verlassen und sich in Stratford zur Ruhe gesetzt, ist unsicher. Daß er auch während seines Londoner Lebens regelmäßig, wohl alljährlich, bei seiner Familie in Stratford gewohnt hat, wissen wir aus manchen Nachrichten. Von 1613 ab hat er bestimmt in Stratford gewohnt, in dem Hause New

Place mit dem großen, noch heute erhaltenen Garten. Einen von Shakespeare selbst darin gepflanzten Maulbeerbaum hat im 18. Jahrhundert ein Geistlicher Namens Gastrell, der Besitzer des Grundstücks, abhacken lassen! Von den Stratfordern wurde er für die Schandtat beinahe gesteinigt.

Wiederholt ist Shakespeare auch in den Jahren 1613—1616 nach London gereist. In seiner Abwesenheit wird 1614 von seiner dem Puritanismus verfallenen Frau und Familie ein Wanderprediger der Shakespeare zuwideren Frömmlersekte auf New Place mit einer reichen Gabe an Wein beschenkt. Um die Zeit war ganz Stratford puritanisch geworden, Schauspieler wurden dort nicht mehr zugelassen. In solcher Familie und solcher Stadt hatte Shakespeare alle Ursache, über die Quelle seines Vermögens: die Theaterdichtung und die Bühne, im Leben wie beim Tode zu schweigen.

Im Februar 1616 wohnte Shakespeare der Hochzeit seiner jüngeren Tochter Judith mit dem Weinhändler Thomas Quiney, Sohne eines früheren Bürgermeisters von Stratford, bei. — Am 25. März 1616 unterschrieb er das aus drei Großfolioseiten bestehende, am 25. Januar entworfene Testament mit zitternder Hand an drei Stellen. Es beginnt mit den Worten:

„In the name of God. Amen! I William Shakespeare of Stratford upon Avon in the countie of

Warrwickshire, gentleman, in perfect health and memorie (nämlich Januar 1616), God be praysed, doe make and ordayne this my last will and testament in manner and forme following".

Der Wortlaut des Testamentes steht im Shakespeare-Jahrbuch Band 24; angefügt ist dem Bande ein Lichtdruck der Urschrift in drei großen Blättern. Er bedenkt darin alle Angehörigen, manche Freunde, einen Patensohn und seine drei befreundeten Kameraden (fellowes) vom Theater: „Burbage, Hemyngs, Cundell" mit Vermächtnissen. Das Testament vom 25. Januar zeigt zahlreiche, wohl am 25. März gemachte Zusätze. Am 23. April 1616 starb William Shakespeare, wahrscheinlich am Typhus, und wurde am 25. April in der Pfarrkirche zu Stratford begraben, in der er 52 Jahre zuvor getauft worden. Seine Ruhestätte deckt noch heute ein flacher Stein, auf dem die vielleicht von ihm selbst herrührenden Verse stehen:

Good friend, for Jesus sake forbeare
To dig the dust enclosed heare:
Bleste be the man that spare thes stones,
And curst be he that moves my bones.

Im Poetenwinkel der Westminster-Abtei steht eine mittelmäßige Statue Shakespeares, an der das einzig Wertvolle die herrliche Inschrift des

Sockels:
> Unsere Spiele sind zu Ende.
> Die Spieler, wie ich sagte, waren Geister,
> Die, nun in Luft, in dünne Lust zerflossen.
> Und wie die luft'ge Bildung dieses Scheins,
> So werden die gewölkumragten Türme,
> Die Prachtpaläste, die erhabnen Tempel,
> Ja dieser Erdball selbst, mit allem
> Was er umschließt und nährt, dereinst zergehn
> Und, wie dies wesenlose Schaugepräng',
> Spurlos verschwinden. – Wir sind von dem Stoff,
> Der Träume bildet, und dies kleine Leben
> Umzirlt ein Schlaf.
>
> (Aus dem „Sturm", deutsch von Bodenstedt.)

Zu seinen Füßen ruhen Garrick und Dickens.

Shakespeares Nachkommenschaft, männliche wie weibliche, war schon um 1679 ausgestorben.

Die einzigen unbestritten echten Bildnisse des Dichters sind: die Büste in der Kirche zu Stratford und der Stich von Martin Droeshout in der ersten Folioausgabe von 1623 (hiernach das Bild in diesem Buche), beide einander ähnlich und bemerkenswert durch die ungewöhnlich großen Augen und die hochgewölbte Stirn. — Über ein neues, für echt gehaltenes Bild berichtet das Shakespeare-Jahrbuch von 1896.

Echte Handschriften des Dichters gibt es: außer den drei Unterschriften des Testaments 2 auf je einem Kaufbrief und einer Verpfändungsurkunde. Ob nicht das ganze Testament, oder doch die Zusätze, von derselben Hand herrührt wie die 3 Unterschriften, prüfe der Leser selbst an dem leicht zugänglichen Lichtdruck, wobei zu beachten, daß die zittrigen Unterschriften wohl im Bett von einem Schwerkranken vollzogen sind, während das Testament selbst von kräftiger Hand geschrieben ist.

Shakespeares Charakter.

— Alle Zeugnisse der Zeitgenossen stimmen überein: er wird kaum je anders als gentle oder sweet Shakespeare genannt. Selbst der auf S. 15 erwähnte hämische Ausfall Greenes hält sich in den Grenzen literarischer Verkleinerung und tastet die persönliche Ehre kaum an; zum Überfluß hat sogleich ein andrer dramatischer Nebenbuhler Shakespeares den Angriff abgewehrt: Chettle. Ein so scharfkantiger und knurriger Mensch wie Ben Jonson schrieb über Shakespeare: „I loved the man and do honour his memory, on this side idolatry, as much as any. He was indeed honest and of an open and free nature", — ein in seinem Munde schwärmerischer Ausspruch, und trotz allen literarischen Gegensätzen hat Ben Jonson nie in seiner Verehrung für Shakespeare geschwankt (vgl. sein herrliches Gedicht auf S. 114). Dieses Urteil über den liebenswerten, edlen Menschen hat sich durch das ganze 17. Jahrhundert behauptet, und der 1671 geborene Theaterdirektor und Theaterdichter Colley Cibber schrieb nach der Überlieferung der Bühne von Shakespeare: „He was gentle, good-natured, easy and amiable".

Abgesehen von den persönlichen Schlüssen aus seinen Werken, lediglich auf seinen Lebenslauf gestützt, läßt sich etwa dieses von ihm behaupten. Starker Sinn für Heimat und Familienehre: er ist der einzige bekannte Dichter-Schauspieler jener Zeit, der aus dem Londoner Leben sich an den Heimatherd zurückgezogen. — Festigkeit gegenüber den Lockungen der Theaterzigeunerei, in der die meisten Dramatiker verkamen. — Klarer Blick für das wirkliche Leben, der ihm zeigte, daß nur ein sicherer Besitz ihn aus der verachteten Stellung eines Schauspielers und Theaterdichters zu der eines englischen Gentleman erheben könne. Sein oft hervorgehobener Geldsinn ging nur bis zur Grenze anständigen Genügens: auf der Höhe des Manneslebens, mit 48 Jahren, entsagt er dem lockenden Mehrerwerb, um sich in die mehr als bescheidenen Verhältnisse des stillen Landstädtchens zu flüchten, seinen Garten zu pflegen, Maulbeerbäume zu pflanzen und sich an seinem Enkeltöchterlein zu freuen. Keine üble Nachrede folgte ihm nach Stratford, keine übers Grab. Ein Leben lang hatte er sich gedemütigt unter der

Schmach des Schauspielertums, nur um mit dem dadurch gewonnenen Gelde seinen Eltern und seinen Kindern die Stellung einer Gentry-Familie zu sichern; als er's erreicht hatte, verlor der bloße Mammon seinen Reiz.

Die Schlüsse aus Shakespeares Werken auf Leben und Charakter müssen mit scheuer Vorsicht gezogen werden: ein großer Dichter ist kein Uhrwerk im Glasgehäuse. Eigentlich sollten nur Dichter sich an solche Schlüsse wagen. An einer späteren Stelle wird von dem aus seinen Dramen sich ergebenden dichterischen Charakter die Rede sein. So viel aber leuchtet für jeden mitfühlenden Leser hervor, dem eine Sammlung von 37 Dramen nicht bloß ein Buch, sondern auch einen Menschen vorstellt: Shakespeare hat nach heiterer, erwartungsfroher Mannesjugend immer herberen Lebensernst, ja die Verbitterung des Herzens und die Verfinsterung aller Gestirne durchgemacht, bis endlich wieder aus dunklem Gewölk die sanfte Abendsonne verklärend hervorbrach. Bei der Betrachtung seiner Dramen wird sich dies erweisen. Nur darf man sie beileibe nicht mit hastig plumpen Folgerungen studieren. Wenn je ein Dichter mit keuscher Zurückhaltung persönliches Weh und Glück in sich verschlossen und die Gottesgabe, zu sagen was er leide, ungebraucht gelassen, so war es Shakespeare. Mag sein, wie Brandes feinsinnig ahnt, daß die Gestalt der Volumnia, der Mutter Coriolans, dem

Schmerzgefühl des Dichters um die kurz zuvor gestorbene eigene Mutter abgerungen worden; doch wer kann sich vermessen, nach 300 Jahren in jenes verschlossene große Herz zu dringen?

Auch Frauenliebe wird der junge und der gereifte Dichter in seiner Londoner Einsamkeit erfahren haben. Der nicht ganz von der Hand zu weisende Londoner Klatsch erzählt uns ein lustiges Geschichtchen aus dem Jahre 1601, das ganz wie ein französisches Fabliau klingt: im Stelldichein bei einem verliebten Weibchen aus dem Zuschauerraum habe William Shakespeare seinen Kameraden Richard Burbage mit dem Witzwort ausgestochen, William der Eroberer komme vor Richard dem Dritten (einer Rolle Burbages). Doch auch tiefere Liebe hat er empfunden: es ist kein Ungefähr, daß auf die witzigen oder leidenschaftlichen Frauengestalten seiner Jugenddramen die zarten, blassen, duldenden Märtyrinnen wie Ophelia, Desdemona, Cordelia folgen, und dann eine Erscheinung von fast überirdischer Zartheit wie Imogen oder Miranda. Daß er an lebendige Modelle gedacht hat: wer will es bezweifeln, denn Shakespeare war ein Mensch und lebte unter Menschen; wie die Urgestalten geheißen: wer wird es je wissen und wem würde solch Wissen frommen? Man hat aus seinen Sonnetten und aus andern mühsam erspürten Quellen die sogenannte „schwarze Dame" seines Lebens in einer Hofdame der Königin, Mary Fitton, entdeckt. Was hat man damit gewonnen? Und ob sie es wirklich gewesen?

Eines geht aus manchen seiner Sonnette, hierfür einer nicht ganz abzulehnenden Quelle, hervor: Shakespeare hat die Schmach des Schauspielerstandes bis zur Verzweiflung empfunden, und nur der Gedanke an die Liebe der Einen, der Einzigen hat ihn getröstet:

> Wann ich, verachtet von Geschick und Welt,
> Einsam mein ausgestoßnes Los beklage,
> Und schrei' umsonst zum tauben Himmelszelt,
> Und schau mich an und fluche meinem Tage,
> Und wünsche, daß ich wie ein andrer wäre,
> So hoffnungsreich, so schön, befreundet so,
> Und Dieses Kunst und Jenes Macht begehre,
> Des eignen Köstlichsten am mind'sten froh:
> Wann so ich selbst mir fast verächtlich werde,
> Da denk' ich dein, und dann steig' ich empor
> Der Morgenlerche gleich von dumpfer Erde
> Und singe Hymnen an des Himmels Tor;
> Denn deiner Lieb' Andenken macht so reich,
> Daß ich mein Los nicht tausch' um Kron' und Reich. —
>
> (29. Sonnett, — Deutsch von Gildemeister.)

Diese Stimmung kehrt wieder im 111. Sonnett:

> Drum trägt mein Nam' ein Brandmal eingebrannt;
> Drum geht mein Wesen fast in dem verloren,
> Worin es wirkt, wie eines Färbers Hand.

Wie hoch er selbst vom Beruf des Schauspielers dachte, beweist die Art, wie er den vornehm gesinnten Prinzen Hamlet im freundlichen Verkehr mit den Schauspielern schildert. Und die Worte von der Aufgabe des Theaters („Hamlet", III 2): „Der Natur gleichsam den Spiegel vorzuhalten, der Tugend ihre eigenen Züge, der Schmach ihr eigen Bild, und dem Leib und Leben seines Jahrhunderts seinen eigenen Abdruck", zeigen sein hohes Selbstbewußtsein. Um wie viel brennender aber muß in ihm das Gefühl der äußeren Erniedrigung gewesen sein!

Ob nicht auch für Shakespeare jenes tiefste Wort Goethes gilt, daß, wenn er sein Leben zurückdenke, kaum zwei ganz glückliche Stunden darin gewesen?

3. Shakespeares Werke.

Die Dramen.

Der Text seiner beiden erzählenden Dichtungen Venus und Adonis und Lucrece steht dadurch fest, daß der Dichter sie selbst zum Druck besorgte. Auch die Sonnette sind nach seiner Handschrift gedruckt worden, wenn auch vielleicht ohne sein Zutun. Für den Text der Shakespeare-Dramen entbehren wir seine Mitwirkung beim Druck, und Handschriften besitzen wir davon keine. Shakespeare ist hierin nicht die seltene Ausnahme, sondern er stellt die Regel dar: von keinem einzigen Dramatiker der Shakespeare-Zeit besitzen wir auch nur ein Blatt der eigenen Handschrift; bis zu Shakespeares Tode hat kein Einziger eigene Dramen drucken lassen, so wenig wie Shakespeare selbst. Es hätte als höchst anmaßend gegolten, denn Theaterstücke gehörten nicht zur Literatur; überdies hätte der Druck nicht den zehnten Teil des Schadens gutgemacht, der den Dichtern, meist zugleich Schauspielern, aus dem verminderten Theaterbesuch entstanden wäre.

Zu Shakespeares Lebzeiten ist keine einzige rechtmäßige Ausgabe irgendeines seiner Stücke erschienen. Wir besitzen aber von 19 Dramen Raubausgaben, die sogenannten Quartos, von habgierigen Buchhändlern ohne und gegen seinen Willen nach gestohlenen Bühnenbüchern oder mit Hilfe von Stenografen veranstaltet. Dieser Mißbrauch der damals in England aufkommenden Stenografie war etwas ganz Gewöhnliches. Thomas Heywood, ein hervorragender Dramatiker, sah sich sogar gezwungen, einen Teil seiner Werke später nur deshalb selbst herauszugeben, weil die bisherigen Ausgaben „so verderbt und verstümmelt, nur nach dem Gehör wiedergegeben, daß ich nicht im Stande war, sie wiederzuerkennen", und in der Vorrede zu seinen Pleasant dialogues and dramas heißt es:

— since by stenography (they) drew
The plot, put it in print, scarce one word true.

Sind auch diese letzten Worte eine Übertreibung, so lassen sie doch einen Schluß auf die Richtigkeit des uns überkommenen Shakespeare-Textes zu. Wir besitzen schwerlich auch nur eines seiner Dramen nach seiner Handschrift, keines ohne grobe Entstellungen des echten Textes. Die dankenswerten Bemühungen gelehrter Shakespeare-Forscher wie Delius, Elze, Leo, Dyce, Furnivall um die Herstellung eines besseren Textes können nicht weiter reichen als zur Ausmerzung des offenbaren Unsinns; aber kaum von einer unter hundert Textverbesserungen läßt sich annehmen, daß Shakespeare wirklich so geschrieben hat.

Die älteste Quartoausgabe ist die eines mangelhaften Textes von „Romeo und Julia" (1597).

Fernere Quartos sind erhalten in zeitlicher Folge: Richard II., — Richard III., — Heinrich IV. 1. Teil, — Verlorene Liebesmüh (1598, erste Ausgabe eines Dramas mit Shakespeares Namen), — Heinrich IV. 2. Teil, — Sommernachtstraum, — Kaufmann von Venedig, — Viel Lärm um Nichts, — Titus Andronikus, — Heinrich V., — Lustige Weiber, — Hamlet, — Lear, — Troilus und Cressida, — Perikles, — Othello (1622).

Ein Jahr nach dem letzten Quarto-Drama, sieben Jahre nach Shakespeares Tode (1623) erschien in London die berühmte, unschätzbare erste Folioausgabe seiner dramatischen Werke, eines der seltensten und in jedem Sinne kostbarsten Bücher der Erde. Die Königliche Bibliothek zu Berlin erfreut sich des Glücks, eines der wenigen erhaltenen Exemplare zu besitzen; nach diesem sind die nachstehenden Angaben gemacht. Kaiser Wilhelm I. hat es als Prinzregent am 26. Januar 1853 der Bibliothek geschenkt. Es ist ein starker Folioband von über 1000 doppelspaltigen Seiten mit klarem, mittelgroßem Druck, betitelt: „Mr. William Shakespeares Comedies, Histories and Tragedies, published according to the True Originall Copies", herausgegeben von den in Shakespeares Testament bedachten Schauspielern John Heminges und Henry Condell (vgl. S. 18). Ein guter Stich nach dem nicht mehr vorhandenen Bilde von Martin Droeshout schmückt den Band. Er enthält sämtliche Dramen mit Ausnahme des „Perikles", der erst in der dritten Folio von 1664 nebst 7 anderen Shakespeare zugeschriebenen Stücken hinzukam. „Troilus und Cressida" steht ohne Seitenzahlen zwischen den Historie und den Tragedies. Vier Lobgedichte auf Shakespeare eröffnen den Band, das letzte ist Ben Jonsons Nachruf (vgl. S. 114). Hierauf folgt das Verzeichnis der hervorragendsten Schauspieler, die in den Dramen aufgetreten, William Shakespeare an der Spitze. In der Widmung an die Grafen Pembroke und Montgomery und in der Vorrede sagen die Herausgeber: „Es wäre wünschenswert gewesen, der Verfasser selbst hätte so lange gelebt, um die Herausgabe seiner Schriften zu besorgen und zu beaufsichtigen." Da dies leider nicht geschehen, so hätten sie die Liebespflicht an dem Toten erfüllt, „without ambition either of selfeprofit, or fame: onely to keepe the memory of so worthy a Friend and Fellow alive, as was our SHAKESPEARE." Statt der „gestohlenen, verstümmelten und entstellten Raubausgaben schädlicher Betrüger" böten sie den echten Text. Diese Behauptung ist nicht ganz richtig, denn unmöglich haben ihnen die Handschriften des Dichters vorgelegen: die Folio ist an vielen Stellen verderbter als die Quartos, mehre Stücke sind nachweislich ganz nach Quartos gedruckt, der Band wimmelt von Druckfehlern. Sie sprechen davon, daß in Shakespeares Handschriften

„kaum etwas Ausgestrichenes" sich finde, was übrigens auch von Ben Jonson bestätigt wird, der Shakespeare einen Vorwurf daraus macht. Es ist möglich, daß Heminges und Condell für einige Stücke Abschriften von des Dichters Hand, für andere die Bühnenbücher benutzt haben; völlige Sicherheit hierüber ist nicht zu gewinnen. Der Hauptwert der ersten Folio besteht aber darin, daß sie nicht weniger als 17 Stücke enthält, von denen es frühere Quartos überhaupt nicht gibt, darunter Julius Cäsar, Coriolan, Antonius und Cleopatra, Macbeth, Wintermärchen, Sturm, Cymbeline. Die nachstehenden wichtigsten Angaben über Shakespeares 37 Dramen sind nicht nach der Reihe in der Folio, sondern nach der Zeitfolge der Entstehung geordnet, soweit sie einigermaßen feststeht. Diese Anordnung gibt zugleich die Möglichkeit, Shakespeares künstlerischer Entwickelung zu folgen. Für die Entstehungszeit sind Beweismittel: Eintragungen der Quartos in die Londoner Buchhändlerrolle; Erwähnungen von Zeitgenossen, darunter die wichtigste und längste in der Palladis Tamia von Francis Meres (vgl. S. 31), der 1598 schon 12 Stücke Shakespeares rühmt; Anspielungen in den Dramen auf Zeitereignisse; Stil- und Verseigenheiten (vgl. S. 101).

Titus Andronikus. — Shakespeares Verfasserschaft des Stückes ist nicht zweifellos. Es gehört zur Gattung der Greueltragödie, die bei

Shakespeares Ankunft in London in voller Blüte stand und deren Hauptvertreter der Dramatiker Thomas Kyd war. Zeit: ungefähr 1589. Schon hier muß die allgemeine Bemerkung über den Beweis der Echtheit aus den Stileigenheiten Shakespeares gemacht werden: er ist unlogisch, denn er beweist mit dem, was erst zu beweisen ist, nämlich daß gewisse Eigenheiten bei Shakespeare oder überhaupt bei einem Dichter sich unwandelbar vom Anfang bis zum Ende seiner Tätigkeit zeigen müßten. Wer „Titus Andronikus" deshalb Shakespeare streitig macht, weil die Sprache und die ganze dichterische Art so völlig vom „Sturm" oder „Cäsar" oder „Coriolan" abweiche, der frage sich, ob er an gewissen frühesten Jugendversuchen, ja am Götz von Goethe den Dichter des Tasso oder an den Räubern den Dichter Wallensteins erkennen würde, wenn er Goethes und Schillers Namen nicht sicher beglaubigt vor ihren Jugenddramen fände. „Titus Andronikus" wird ausdrücklich schon 1598 von Meres Shakespeare zugeschrieben, und der Umstand, daß des Dichters Theaterkameraden Heminges und Condell das Stück in die Folio aufnahmen, muß alle Stilbedenken um so mehr überwiegen, als selbst jenes Jugendstück an einigen Stellen die Spuren der Löwentatze aufweist.

Heinrich VI. 1. Teil. — Entstehung um 1590. Wahrscheinlich ein altes, von Shakespeare nur bearbeitetes Stück. Die patriotisch-englische, aber sehr unedle Behandlung der Jungfrau von Orleans ist kein Beweis gegen seine Verfasserschaft.

Verlorne Liebesmüh. — Um 1590. Eine fremde Quelle nicht bekannt. Erster Versuch Shakespeares im fantastischen Lustspiel, mit satirischen Angriffen auf Euphuismus und falsche Gelehrsamkeit.

Komödie der Irrungen. — Um 1591. — Quelle: entweder englische Übersetzung von Plautus' Menaechmi oder ein verlorenes altes Stück The history of error. Ausgelassene Posse, bei der auf alle Wahrscheinlichkeit verzichtet wird; Shakespeares einzige ihrer Art.

Die beiden Veroneser. — Um 1592. — Quelle: entweder ein älteres Stück oder des Spaniers Montemayor Diana. — Erstes Drama Shakespeares mit einer Frauengestalt in Männertracht.

Heinrich VI., 2. und 3. Teil. — Um 1592. — Quelle: alte Stücke und Holinsheds Chronik. — Shakespeares Verfasserschaft nicht zweifellos, seine Mitarbeiterschaft allgemein angenommen. Vielleicht mit Marlowe zusammen verfaßt, mit dem Shakespeare mehrfach gemeinsam gearbeitet haben soll. Die Szenen des Pöbelaufstandes unter Jack Cade sind sicher von Shakespeare; sie erinnern an seine Volksszenen im „Cäsar."

Richard III. — Um 1593. — Quelle: ein altes Stück The true tragedy of Richard III. und Holinsheds Chronik, seine Hauptquelle für die englischen Geschichtsdramen; ferner Thomas Mores „Geschichte Richards III." — Erstes Werk größten Stils, das Beste bei Marlowe weit übertroffen.

Sommernachtstraum. — Zwischen 1593 und 1594. — Quellen mannigfach: Chaucers Erzählungen des Ritters, des Weibes von Bath, Ovids Metamorphosen, vielleicht auch Montemayors Diana. — Das zugleich duftigste und doch drolligste Stück Shakespeareschen Humors; die Verwebung der heiteren Liebesfabel mit dem Elfenzauber und dessen Verflechtung mit der Handwerkerkomödie ist einzig, ein Abglanz der sonnigen Heiterkeit in der Seele des Dichters um jene Zeit.

Sie sah auch seine große Liebestragödie erstehen: Romeo und Julia. Erster Entwurf schon um 1591, später wiederholt aufgenommen und um 1596 vollendet. Erste Quarto von 1597 nennt es „oft mit großem Beifall öffentlich gespielt." — Quellen: Arthur Brookes metrische Bearbeitung (1562) einer Novelle des Italieners Bandello (1554), vielleicht auch, ein altes von Brooke erwähntes englisches Stück, das verschollen. Shakespeare benutzte seine Quelle mit größter Selbständigkeit; bewundernswert ist die dramatische Straffheit, mit der er die bei Bandello behäbig langgestreckte Dauer der Handlung verkürzte. Mercutio fand er in schattenhaften Umrissen vor und machte aus ihm ein kleines Meisterwerk, die dichterischste Frucht des „Euphuismus" der wortspielenden Witzelei, der sich auch sonst in diesem Drama zeigt. Die italienische Farbe, die auf Menschen und Dingen ruht, fand Shakespeare in seiner englischen Quelle nicht vor.

Richard II. — Um 1594, erste Quarto von 1597. — Hauptquelle Holinshed, Marlowes erschütternde Tronentsagungstragödie: „Eduard II." schwebte gleichfalls vor. Auch hier, wo Shakespeare mit Marlowe einen nahe verwandten Stoff behandelte, stellte er den Vorgänger tief in den Schatten. Im Richard II. (II 1) finden sich die hochberühmten Verse stolzester Vaterlandsliebe im Munde Johns von Gaunt:

> This scepter'd isle,
> This earth of majesty, this seat of Mars,
> This other Eden, demi paradise,
> This fortress built by Nature for herself
> Against infection ad the hand of war,
> This happy breed of men, this little world,
> This precious stone set in the silver sea, —
> This blessed plot, this earth, this realm, this England —
> This land of such dear souls, this dear dear land, —
> England bound in with the triumphant sea.

König Johann. — Um 1595. — Quellen: Holmshed und altes Stück. Ganz Shakespeares Eigentum ist die Perle des Dramas: die rührende Gestalt des Knaben Arthur. Von Einigen wird die Abfassung in das Jahr 1596 gesetzt und Arthur als ein Totendenkmal des Dichters für seinen 1596 verstorbenen einzigen Sohn aufgefaßt.

Kaufmann von Venedig. — Um 1596. — Quellen für die Geschichte von den drei Kästchen: Gower oder Boccaccio, vielleicht die Geschichtensammlung Gesta Romanorum, in der auch die Erzählung von dem verpfändeten Pfund Fleisch steht. Eine andere Quelle hierfür: die italienische Novellensammlung Il Pecorone aus dem 14. Jahrhundert, oder ein altes verlorenes englisches Stück. Auch Marlowes „Jude von Malta" bot Züge, doch hat Shakespeare aus dessen wüstem Ungeheuer einen Menschen gemacht. Ganz nur Shakespeares Eigentum ist die mondbeglänzte Zaubernacht in der Szene zwischen Jessica und Lorenzo (vgl. S. 102).

Der Widerspänstigen Zähmung. — Um 1597. Zuerst 1623 in der Folio. — Quelle: Gascoignes Supposes nach Ariost.

Heinrich IV., 1. und 2. Teil. — Um 1598, — Quellen: Holinshed und altes Stück. Aus dem hierin vorkommenden Sir John Oldcastle als Spießgesellen des ausgelassenen Prinzen Heinz und einem Feigling Sir John Fastolfe (im „Heinrich VI., 1. Teil") entstand der unsterbliche John Falstaff, die Krone des Shakespeareschen und des englischen Humors. Für die glänzende Gestalt Percys fand der Dichter in seinen Quellen nur kahle Umrisse.

Lustige Weiber von Windsor. — Um 1598. — Nach Rowe auf Wunsch der Königin Elisabeth verfaßt, die Falstaff gern als Verliebten sehen wollte; angeblich in 14 Tagen geschrieben. Freie Erfindung Shakespeares mit eingestreuten Jugenderinnerungen. Hier wie in „Heinrich IV." kommen Namen Stratforder Bürger vor.

Heinrich V. — Um 1598. Erste Quarto 1600. — Quelle: Holinshed; aber überwiegend freie Schöpfung. Die Unterhaltungen zwischen König Heinrich und Katharina beweisen mit all ihren Sprachschnitzern, daß Shakespeare Französisch gelernt.

Viel Lärm um Nichts. — Um 1598. — Quellen für die Geschichte von Claudio und Hero: Spensers Feenkönigin (Buch 114), vielleicht auch Vandello und Ariost. Benedikt und Beatrix, die besten Gestalten des Stückes, gehören Shakespeare allein.

Wie es Euch beliebt. — Um 1599. — Quelle: eine Erzählung von Thomas Lodge „Rosalynde, Euphues' golden legacie". Jaques ist Shakespeares Schöpfung, desgleichen der prächtige Touchstone.

Was Ihr wollt. (Twelfth Night). — Um 1600. — Quelle: Englische Übersetzung der Geschichtensammlung Hecatomithi des Italieners Cinthio; alle Hauptcharaktere sind Shakespeares Eigentum, besonders Malvolio, der Puritaner.

Ende gut. Alles gut. — Um 1601. — Quelle: englische Bearbeitung einer Novelle Boccaccios (Tag III, 9). Für Lafeu und Parolles bot die Quelle keine Vorbilder.

Julius Cäsar. — Um 1601. — Quelle: Plutarchs Leben Casars, Brutus' und Antonius' in der Übersetzung von North (nach der französischen Übersetzung von Amyot). In Brutus' Rede an der Leiche Casars euphuistische Gegensatzwendungen, aber mit großartiger Wirkung. Daß die Einheit des Dramas durch Brutus verkörpert wird, ist klar. — Mit diesem Stück betrat Shakespeare die Mittagshöhe seines Schaffens, auf der er sich bis ans Ende ohne Schwanken hielt.

Hamlet. Um 1602. Erste unvollständige Quarto 1603, zweite bessere 1604. — Quellen: ein altes Stück von vor 1598, das auf einer Sage bei Saxo Grammaticus ruht (im 12. Jahrhundert, Verfasser der Historia Danica). Vielleicht benutzte Shakespeare auch die französische Übersetzung von des Franzosen Belleforest Histoires tragiques nach Saxo.

Von allen Dramen Shakespeares hat es von jeher den tiefsten Eindruck gemacht. Wenige Jahre nach seiner Aufführung in London berichtet ein englischer Schiffskapitän, daß seine Matrosen es als Mittel gegen böse Zerstreuungen auf dem Schiffsdeck angesichts der Küste von Sierra Leone gespielt haben (vgl. Century of praise). Es ist das geistigste Drama Shakespeares, und obschon es den Helden durch fünf Akte mit einem Entschluß ringen läßt, gehört es zu den spannendsten Stücken. Über die einfache Rachetragödie seiner Quelle hat der Dichter es hoch emporgehoben in das Bereich des Weltschmerzes, der Weltverzweiflung, die einen edlen Menschen beim Erleben einer ungeheuren Niedertracht umfängt. Es leitet die durch mehrere Jahre andauernde Verdüsterung Shakespeares ein, wohl entstanden durch furchtbare Enttäuschungen in Liebe und Freundschaft.

Der Schauspieler Kemble sagte über den Vorrang „Hamlets" unter allen anderen Dramen mit Recht: „Nehmt irgendeine wirklich gelesene Ausgabe Shakespeares und achtet darauf, welcher Band am stärksten benutzt ist: ich wette, was ihr wollt, der Band wird es sein, worin ‚Hamlet' steht."

Statt des unnützen Versuchs einer neuen Erklärung zu den tausend vorhandenen des Charakters Hamlets stehen Goethes Worte (Wilhelm Meister): „Hier wird ein Eichbaum in ein köstliches Gefäß gepflanzt, das nur liebliche Blumen in seinem Schoß hätte aufnehmen sollen; die Wurzeln dehnen sich aus, das Gefäß wird zernichtet. Ein schönes, reines, edles, höchst moralisches Wesen, ohne die sinnliche Stärke, die den Helden macht, geht unter einer Last zu Grunde, die es weder tragen, noch abwerfen kann". Und Shakespeare selbst scheint doch wohl den Kern

Hamlets bezeichnet zu haben in den Worten:

> Der angebornen Farbe der Entschließung
> Wird des Gedankens Blässe angekränkelt,
> Und Unternehmungen voll Mark und Nachdruck,
> Durch diese Rücksicht aus der Bahn gelockt,
> Verlieren so der Handlung Namen. —

Eine Auswahl aus der ungeheuren Literatur über „Hamlet", wohl der umfangreichsten über irgendein Drama irgendeiner Literatur, steht auf S. 153.

Auf „Hamlet" folgen in dem Zeitraum bis 1609 Jahr für Jahr Shakespeares erschütterndste, furchtbarste Tragödien bis zum letzten Ausbruch völliger Menschenverachtung im „Timon", und auch die zwei „Komödien" aus dieser Zeit sind Zeugnisse seiner wachsenden Abkehr von der Lebensfreude. Zunächst Maß für Maß (1603). Quelle: Bearbeitung einer Erzählung Cinthios durch den schlechten Dramatiker Whetstone. Trotz dem leidlichen Ausgang beherrscht finstere Verbitterung das Stück, eines der peinvollsten des Dichters.

Troilus und Cressida. — Um 1603; vielleicht um 1607 umgearbeitet. — Hauptquelle: Chaucers Troilus and Creseide, für die Gestalt des Thersites Chapmans Homerübersetzung. Der beste Beweis für Shakespeares Verdüsterung ist die Verzerrung aller Personen aus Chaucers heiterer Darstellung ins Niedrige; aus Cressida wird eine Dirne, wie nur irgendeine zerschmetternde Enttäuschung am Weibe sie Shakespeare eingeben konnte. Zugleich spricht sich in dem ganzen Ton des bittersatirischen Stückes wohl auch des Dichters Groll über die lästige Verhimmelung des Altertums durch gelehrte Dichter wie Ben Jonson, Chapman und andere aus. Man hört etwas wie: Da habt ihr eure gepriesenen Helden und Heldinnen des Altertums, — Schurken, Narren und Dirnen wie heutzutage! Die Herausgeber der Folio standen dem seltsamen Stück ratlos gegenüber (vgl. S. 25).

Othello. — Um 1604. — Quarto 1622. Quelle: Cinthios Hecatomithi. — Zum ersten Male läßt Shakespeare das Böse über das Gute obsiegen, und nur seine unwandelbare dramatische Gerechtigkeit zwingt ihn, auch Jago zu töten. — Die Feinheit, Othellos Zweifel an der Treue Desdemonas darauf zu begründen, daß die Gatten einander innerlich doch recht fremd geblieben sind, ist die eigentliche Voraussetzung des Dramas. Diese wie alle andern Feinheiten sind ausschließlich Shakespeares Eigentum.

Lear. — Um 1605. — Quellen: Holinshed und ein altes rohes Stück, ferner Spensers Feenkönigin. — Im Lear erreichte Shakespeare den Gipfel der Tragik, darüber hinaus war und ist keine Steigerung denkbar. Hier sind Äschylos' Prometheus und Sophokles' Ödipus überboten.

Selbst der Narr — welcher ergreifend tragische Ton klingt aus jedem seiner bittern Späße!

Macbeth. — Um 1606. — Quelle: Holinshed. — Der Text offenbar verstümmelt, was auch durch die auffallende Kürze bestätigt wird.

Timon (um 1607) ist der letzte und stärkste vulkanische Ausbruch der Empörung in des Dichters Seele. Darin rechnet er ein für allemal mit der Niedertracht ab und entlädt das übervolle Herz. — Quelle wahrscheinlich ein älteres Stück nach Plutarch und Lucian. Allgemein wird jetzt nur für Teile des „Timon" Shakespeares Verfasserschaft angenommen.

Mit Antonius und Cleopatra (um 1608) kehrte er zu den Römerstoffen zurück, die er bei den Studien zum „Cäsar" in Norths Plutarch-Übersetzung gefunden. Nicht nur der Untergang eines Mannes durch ein gefährliches Weib, auch der Untergang einer Welt ist der Gegenstand. Shakespeare hat viele edlere, lieblichere Frauen geschaffen, — eine so überwältigende und reiche Natur, eine solche Großartigkeit im Bösen ist ihm zum ersten und zum letzten Male gelungen. Damit hatte er auch sein letztes Wort gesagt über den Eingriff irgendeines verhängnisvollen Weibes in sein Herzensleben.

Es folgen die drei Stücke der Sonnenklarheit nach Gewittersturm, mit ihren himmlischen Gestalten Imogen, Miranda und Hermione, so gleich an Edelmenschentum und so verschieden wie drei Welten.

Cymbeline (um 1609) nach Holinshed und Boccaccios Dekameron (Tag II, 9). Es hieße besser nach der Heldin Imogen, dem Mittelpunkt des wundervollen Stückes. Der Stoff hat einige Ähnlichkeit mit der Genovefa-Sage, doch hat Shakespeare dessen Gräßlichkeit erkannt und vermieden. Seine Stimmung in jener Zeit nach der qualvollsten seines Lebens war so versöhnlich, daß er selbst über den Bösewicht Jachimo die Sonne der Gnade scheinen ließ.

Der Sturm. — Um 1610. — Quelle: ein gedruckter Bericht über einen Schiffbruch an den Bermudas, die Stelle über den fantastischen Zukunftstaat (II 1) nach Florios Übersetzung von Montaignes Essais. Ein im British Museum aufbewahrtes Exemplar dieser Übersetzung trägt vorn Shakespeares handschriftlichen Besitzernamen, der für echt gilt. Merkwürdige Übereinstimmung der Fabel mit Jacob Ayrers Stück „Die schöne Sidea". Entweder haben beide zeitgenössische Dramatiker aus derselben unbekannten Quelle geschöpft, oder Shakespeare aus Ayrer durch Vermittelung der in Deutschland spielenden Engländer, oder durch die gleiche Vermittelung Ayrer aus Shakespeare. — Ein ähnliches Hereinragen der Geisterwelt wie im „Sommernachtstraum", aber um vieles gedankenschwerer und männlich reifer.

Endlich das Wintermärchen, nach aller Wahrscheinlichkeit Shakespeares Abschiedsgruß an die Bühnenwelt, bevor er sich in die besänftigenden Arme der stillen Heimatwelt zu Stratford legte. Es ist um 1611 nachweislich aufgeführt, also wohl 1610 entstanden. Quelle: Robert Greenes Erzählung Pandosto. Aus dieser Quelle des doch akademischen Greene hat Shakespeare den berühmten geographischen Schnitzer von Böhmens Seeküste, wenn es einer war, denn Böhmen steht wahrscheinlich für das Land eines Fürsten Bohemund, und Shakespeare hat mit seiner erhabenen Gleichgültigkeit gegen solch Nebenwerk in einem nur zum Spielen, nicht zum Lesen bestimmten Drama das zweifelhafte, fantastische Land so gelassen, wie er es in seiner Quelle fand. Es weht schon wie Stratforder Waldluft aus diesem Stück, als habe der Dichter es dort geschrieben, was sein Verlassen Londons um zwei Jahre zurückverlegen würde. Hermione hat ganz die stille Größe der Frauen bei Sophokles und ist der Goetheschen Iphigenie verwandt.

Die Folio von 1623 enthält als letztes Stück: Heinrich VIII. Daß es ganz von Shakespeare herrührt, wird von keinem Forscher angenommen. Das Wahrscheinlichste ist, daß ein von Shakespeare begonnenes Drama von John Fletcher fortgesetzt wurde. Da bei der Aufführung im Juni 1613 das Globe-Theater abbrannte, so wird die Abfassung in die Jahre 1612 oder 1613 gelegt.

In den gewöhnlichen Shakespeare-Ausgaben, z. B. in der „Globe-Edition", steht noch ein Drama „Perikles". Daß er seine Hand an dieses sehr ungleichwertige Stück gelegt, gilt als sicher; als ebenso sicher, daß der größte Teil nicht sein Werk ist. Es ist vor 1608 in die Buchhändlerrolle eingetragen. Erschienen unter Shakespeares Namen ist es erst in der dritten Folio (1664), zu einer Zeit, als noch manche andere herrenlose Stücke, die Erfolg gehabt, auf Shakespeares Namen gesetzt wurden.

Die zweifelhaften Dramen.

In der dritten Folioausgabe (1664) folgen hinter „Heinrich VIII." außer „Perikles" noch 6 Dramen als Shakespeare zugehörig: The London prodigal, — Life and death of Thomas Lord Cromwell, — Sir John Oldcastle, — The Puritan widow, — A Yorkshire tragedy, — Locrine.

Auf welche Gründe hin die Aufnahme dieser früher nie als Shakespeare-Dramen genannten Stücke erfolgt ist, wird in der Folio nicht gesagt. Daß die Herausgeber der ersten Folio von 1623, Shakespeares Kameraden, ein ganz anderes Gewicht beanspruchen dürfen, als die unbekannten Herausgeber von 1664, leuchtet ein. In noch späteren Ausgaben von Shakespeares Dramen findet sich als ihm zugerechnet eine Reihe nicht ganz wertloser Stücke, von denen hier als einigermaßen berücksichtigungswert genannt seien: The two noble kinsmen, — The merry devil of Edmonton, — Edward III., — Arden of Feversham.

Über die Verfasserschaft dieser Stücke werden die verschiedensten Mutmaßungen mit großer Gelehrsamkeit verteidigt. Ohne Auffindung neuer Beweisurkunden kann nie ein endgültiges Urteil gewonnen werden, denn mit den Gründen des Stils ist so gut wie nichts zu entscheiden. Freilich, wo uns ganze Stücke oder Stellen in Dramen jener Zeit begegnen, die an den unbezweifelten Stil und Versbau Shakespeares erinnern, besteht die Möglichkeit einer begründeten Vermutung. Von schwächeren Stücken aber ohne weiteres zu sagen: dies kann Shakespeare nicht geschrieben haben, widerspricht den einfachsten Gesetzen der Logik und den Erfahrungen mit andern großen Dichtern (vgl. S. 47). Die Möglichkeit, daß wir es mit Jugendwerken oder mit solchen Dramen zu tun haben, die Shakespeare mit andern Dichtern zusammen verfaßt hat, oder auch mit solchen an denen er nur einige kräftige Striche getan, bleibt immer offen. Und andrerseits darf man nicht fragen, wenn man sich einem sehr bedeutenden Drama gegenüber sieht: welcher andere Dichter als Shakespeare konnte dies schreiben? Weil die ganze Geschichte des englischen Dramas im 16. Jahrhundert uns lehrt, daß es unbekannt gebliebene, vielleicht junggestorbene echte Dichter gegeben haben kann, deren Namen spurlos verschwunden sind. Bei der Sorglosigkeit der dramatischen Dichter und der Herrenlosigkeit der Theaterstücke jener Zeit ist so ziemlich alles möglich. Die Irreführung durch gewinnsüchtige Buchhändler, die den schon im 17. Jahrhundert alle Dramatiker an Berühmtheit überragenden Namen Shakespeares zur Belebung des Verkaufs verschollener Dramen benutzten, hat die Verwirrung gesteigert. Dazu kommt die Erwägung, daß es Stücke gegeben haben muß, an denen Shakespeare als Mitbesitzer des vornehmsten Theaters und als bühnenkundiger Dichter ratend oder helfend beteiligt war, ohne daß er seinen Namen dazu hergegeben. Am unbesonnensten ist Tieck Verfahren, der jedes namenlose Stück mit einer vereinzelten kräftigen Stelle Shakespeare zuschrieb, während uns doch die vielen bekannten Dramatiker jener Zeit lehren, daß mehr als Einer Glückstunden hatte, in denen ihm Szenen von fast Shakespearescher Wucht gelangen.

Von den obengenannten zweifelhaften Shakespeare-Dramen werden hier beim Mangel sicherer Beweise nur die betrachtet, die wirklich an Shakespeare erinnern und die, wenn nicht von ihm, dann von einem unbekannten ausgezeichneten Dichter herrühren. Solche Stücke sind in ansteigender Reihenfolge: A Yorkshire Tragedy,

— The merry devil of Edmonton, — Edward III. Die Yorkshire-Tragödie — und das schwächere Stück: Arden of Feversham ähnlicher Färbung — ist dadurch so merkwürdig, daß sie mit kühnstem Realismus eine Tagesbegebenheit von 1604 darstellt: die grause Verzweiflungsmordtat eines verkommenen Spielers an Weib und drei Kindern. Zwei Kinder mordet er wie im Blutrausch, die Frau bleibt mit einem Kinde am Leben, und ihre Verzeihung begleitet den viehischen Mörder zum Galgen. Shakespeare hat außer der ersten Jugendarbeit „Titus Andronikus" nie einen Stoff behandelt, der nichts als grausig ist und dem sich schlechterdings keine romantische Seite abgewinnen läßt. Das Stück enthält indessen einige Szenen von unwiderstehlicher Wirkung. Um 1604 war Shakespeare allerdings längst nicht mehr der Dichter, der im Banne der Greueltragödie lag. — Gegen seine Verfasserschaft oder auch nur Mitarbeit am Arden of Feversham, einer Ehebruchs- und Mordtragödie, spricht außer den inneren Gründen, namentlich der Gefühlsrohheit und platten Gemeinheit der Verbrecher, ein Nebenumstand, auf den bisher nicht geachtet wurde: der eine der gedungenen Mörder heißt Shakebag. Hätte ein Dichter Namens Shakespeare sich an einem Stück mit solchem Personennamen beteiligt?

Ganz anders steht es mit dem wirklich sehr lustigen Merry devil of Edmonton. Der älteste erhaltene Druck von 1608 bezeichnet es als ein oft im Globe-Theater aufgeführtes Stück. Es wurde Shakespeare, Drayton, Thomas Heywood zugeschrieben und könnte sehr wohl von dem Letzten sein. Aber auch ein noch Größerer kann seine kunstreiche, flotte Hand im Spiel gehabt haben, vielleicht Derselbe, der die „Lustigen Weiber" gedichtet. Es ist ein Schwank mit einer klaren, straffen Handlung: zwei Liebesleute, die der geldsüchtige Vater der Braut trennen will, werden durch einen mit dem Teufel Verbündeten, aber gutmütigen Schalk und durch den findigen Bräutigam, der die Geliebte als Beichtiger verkleidet dem Kloster entreißt, zur glücklichen Heirat gebracht. Im Vorspiel wird an dem Teufel eine ähnliche List verübt wie in der deutschen Sage vom Schmied zu Jüterbog. Die eigenartigste Gestalt ist „mine host", ein verdrehter Gastwirt, der fremde Sprachen und Fremdwörter radebricht und nicht übel zu Shakespeares lustigen Possenfiguren paßt. Die Szene im 3. Akt, in der die Äbtissin in gereimten Liedversen das widerwillige Nönnchen belehrt, ist von feiner Komik. An Shakespeare muß man aber besonders denken bei der Szene zwischen den adligen Herren und dem Wildhüter, die Dieser nachts auf der Suche nach der entführten Nonne erwischt und wie Wilddiebe behandelt. Das übermütige Spottspiel mit der Wilddieberei paßt kaum zu einem anderen Verfasser. War Shakespeare der Dichter, so muß man das Stück wie einen bei der Arbeit zur Seite geflogenen Spahn betrachten, der ihm nicht des Aufhebens wert erschien. War aber Shakespeare nicht der Dichter, so fragt man sich erstaunt: wie hieß der talentvolle Dramatiker in jenem strotzenden Dramenjahrhundert, der es ruhig zuließ, daß dieses nachweislich sehr beliebte Stück nicht einmal seinen Namen nannte? Aber wir wissen aus zahllosen Beweisen, daß ein geradezu unbegreiflicher Gleichmut gegenüber dem Schicksal der eigenen Werke bei den Dramatikern um Shakespeare herrschte. Bei Thomas Heywood z. B. ging er so weit, daß uns nicht der achte Teil seiner Dramen erhalten ist! Dabei war Heywood einer der beliebtesten und talentvollsten Dramatiker um die Wende des 16. und 17. Jahrhunderts.

Den höchsten Rang unter den zweifelhaften Shakespeare-Dramen nimmt Edward III. ein. Der älteste vorhandene Druck stammt aus dem Jahre 1596, also zwischen Shakespeares „König Johann" und „Heinrich IV." Es behandelt in den ersten zwei Akten die leidenschaftliche Liebe des verheirateten Königs zur verheirateten Gräfin Salisbury, in den drei folgenden den Sieg der Engländer unter dem „Schwarzen Prinzen" Edward von Wales über König Johann von Frankreich. Man hat die Übereinstimmung einzelner Stellen mit solchen aus Shakespeares Sonnetten und Dramen nachgewiesen. Indessen auch ohne das muß man fragen: welcher andere uns bekannte Dichter jener Zeit konnte die großartigen Szenen zwischen dem von seiner sinnlichen Leidenschaft halbtollen König und der hoheitvollen, siegreichen Herzogin schreiben, wenn nicht Shakespeare? Auf keinen Fall Marlowe, wenn das Stück überhaupt vor dessen Tode (1593) verfaßt ist. Stände es unter Shakespeares Werken, so würden jene Szenen zu seinen dramatisch wirksamsten gezählt weiden. Die Annahme, daß er die ersten beiden Akte von Edward III. ganz oder zum größten Teil geschrieben, dann aber das Stück von einem Freunde hat vollenden lassen, so daß es namenlos blieb, hat die stärkste Wahrscheinlichkeit für sich. Während Shakespeares Lebzeiten ist kein Stück in die Buchhändlerrolle eingetragen, das ihn nur als Mitarbeiter nennt. Das Drama ist leicht zugänglich, auch in der Tauchnitz-Sammlung erschienen.

Der zweite Akt ist der am meisten Shakespearesche. Als der König die tugendhafte Herzogin bestürmt, erwidert sie:

As easy may my intellectual soul
Be lent away, and yet my body live,
As lend my body, palace to my soul,
Away from her, and yet retain my soul.
My body is her bower, her Court, her abbey,
And she an angel, pure, divine, unspotted,
If I should lend her house, my Lord, to thee,
I kill my poor soul, and my poor soul me.

Und etwas weiterhin die so völlig Shakespeares würdigen Verse:

> In violating marriage sacred law,
> You break a greater honor than your self:
> To be a king is of a younger house
> Than to be marries; your progenitor,
> Sole-reigning Adam on the Universe,
> By God was honored for a married man,
> But not by him anointed for a king.
> It is penalty to break your statutes,
> Though not enacted with your Highness´hand:
> How much more, to infringe the holy act,
> Made by the mouth of God, seal'd with his
> hand? —

Als der König durchaus nicht von ihr lassen will, wächst die Gräfin zur tragischen Höhe großer, edler Weiblichkeit. Sie zückt den Dolch auf sich und zwingt den König, wenn er sie nicht tot zu seinen Füßen sehen will, ihr zuzuschwören, daß er sie nie mehr begehren wird. Und der König, überwältigt von den Schauern dieser Szene, schwört! „Arise, true English Lady!" sind seine königlichen Worte, die allein kein zweiter Dichter außer Shakespeare hätte finden können.

Shakespeares kleinere Dichtungen.

Venus und Adonis. — Lucrezia. — Die Sonnette. — Die Lieder.

Seinen Zeitgenossen, mit ihrer uns kaum begreiflichen Nichtachtung des Dramas als literarischer Schöpfung, erschien Shakespeare vor allem oder ausschließlich zur Bücherliteratur gehörig durch die von ihm selbst herausgegebenen kleineren Werke: Venus and Adonis und Lucrece. In Dutzenden begeisterter Zeitstimmen (alle im Century of praises gesammelt) wird er als einer der ersten Dichter Englands schon um ihretwillen gefeiert. Venus and Adonis erschien 1593 und erlebte in 8 Jahren 6 Auflagen. Es schildert, gestützt auf Ovids Metamorphosen, dem auch das lateinische Motto entnommen, die Liebe der Venus für den schönen, spröden Adonis und dessen Tod. Die Sprache ist einschmeichelnd weich und süß, voll schwüler Sinnlichkeit, und erinnert ein wenig an Spenser. Die Behandlung der sechszeiligen mit ababcc gereimten Strophe ist so kunstvoll wie bei irgendeinem Dichter jener Zeit. Das Gedicht mit seinen 199 Strophen würde, auch wenn es nicht Shakespeares Namen trüge, immerhin als eine der besseren oder besten Leistungen seiner Art aus jener Zeit zu gelten haben, ohne daß sein poetischer Wert darum ein sehr hoher wäre.

In Lucrece (zuerst 1594 erschienen) wird in 265 kunstvoller gereimten siebenzeiligen Strophen (auf ababcc) die Schandtat des Tarquinius an Lucrezia und die Bestrafung des Verbrechers erzählt. Es steht dichterisch tiefer als die erste

Dichtung, zeigt aber Shakespeares wachsende Beherrschung schwieriger Reimformen. Zugleich beweisen diese beiden Dichtungen noch eines: Shakespeare war schon im Anfang seiner dichterischen Laufbahn nicht nur an metrischer Gewandtheit, sondern auch an landläufiger Belesenheit in alter und neuer Literatur allen Mitdichtern vollkommen ebenbürtig. Er kannte die besten Werke der älteren und zeitgenössischen englischen Literatur, hatte aber schon damals fast alles gelesen, was an klassischen Dichtungen leicht zugänglich war. Das alberne Märchen von Shakespeares mangelhafter Bildung wird schon durch jene zwei lyrischerzählenden Gedichte zunicht gemacht.

Shakespeares Sonnette' erschienen zuerst 1609 in einer Quarto bei einem Buchhändler Thomas Thorpe, von diesem, nicht von Shakespeare, gewidmet einem „Mr. W. H." Alle Anzeichen sprechen dagegen, daß der Dichter die Herausgabe selbst veranlaßt hat. Schon lange vorher waren Sonnette von ihm im Freundeskreise nach damaliger Sitte handschriftlich verbreitet gewesen, wie sich in der mehrfach erwähnten Stelle in Francis Meres' Palladis Tamia aus den Worten ergibt: „Wie man glaubte, daß des Euphorbus Seele im Pythagoras fortlebe, so lebt die anmutige köstliche Seele Ovids in dem honigzüngigen Shakespeare; das bezeugen seine ‚Venus und Adonis', seine ‚Lucrezia', seine zuckrigen Sonnette unter seinen Privatfreunden" („his sugred sonnets among his private friends"). Sie sind 154 an der Zahl und behandeln ein Freundschaftsverhältnis zu einem jungen Freunde und ein Liebesverhältnis zu einer treulosen, berückenden, brünetten Dame; daneben Stimmungen verschiedener Art, meist mitveranlaßt durch jene Seelenbeziehungen.

Hatte man sich schon unsägliche Mühe gegeben um die Ausspürung des ‚Mr. V. H.', als den man endlich einen William Herbert Grafen von Pembrote gefunden glaubt, denselben, dem auch die erste Folio später gewidmet wurde, so hat die Literatur über den mehr oder weniger großen Wert der Sonnette für die Erforschung des persönlichen Lebens Shakespeares in neuerer Zeit einen erstaunlichen Umfang angenommen. Zwei Hauptmeinungen bekämpfen einander: die Einen erblicken in jedem Sonnett den Ausdruck einer persönlichen Empfindung und suchen deren geschichtliche Veranlassung im Leben des Dichters; die Andern betrachten die Sonnette überwiegend als Modespielereien mit einer Dichtungsform, die im 16. Jahrhundert für alle nur denkbaren Zwecke benutzt wurde; sie lassen aber für eine Reihe der Sonnette die Erklärung eines Niederschlags echter Seelenstimmungen und eigener Erlebnisse Shakespeares gelten. Als Goethe mit übertreibender Schwärmerei und auch wohl bloß im Hinblick auf einige zweifellos persönlich gemeinte Sonnette schrieb: „Es ist kein Buchstabe in den Sonnetten, der nicht gelebt, empfunden, genossen, gelitten, gedacht wäre", da besaß er eine sehr geringe Kenntnis der englischen Literatur des 16. Jahrhunderts außer Shakespeare. Er hatte sonst gesehen, daß gerade das Sonnett in jener Zeit die fantastischste, unpersönlichste alle Dichtungsarten war. Man braucht nur die Sonnette der Surrey, Wyatt, Vaux, später der Sidney, Raleigh, Drummond zu lesen, um von der übertriebenen Erklärung der Sonnette Shakespeares als einer persönlichen Dichtung gründlich geheilt zu werden. Wie z. B. Surrey in schwärmerischen Sonnetten seine „Geliebte" besang, die später als ein siebenjähriges Kind nachgewiesen worden, so übte sich ein Richard Barnefield in glühenden Liebessonnetten auf Ganymed und widmete sie obendrein einer Dame. Das Sonnett war zu einer Übung im dichterischen Schönschreiben geworden, und überwiegend als solche sind auch Shakespeares Sonnette aufzufassen. Er tändelt wie alle Sonnettisten jener Zeit mit anempfundenen Gefühlen, spielt mit Vorstellungen, die der Wirklichkeit völlig widersprechen, so z. B. im Sonnett 71, in dem er sich als greisen Mann bespiegelt; kurz, er macht es im Grunde so, wie es alle Lyriker zu allen Zeiten getan: Erlebtes und nur Vorgestelltes, Wahrheit und Dichtung zum Anlaß des Liedes zu wählen. Nur daß bei Shakespeare, als einem Kinde des englischen 16. Jahrhunderts, mit dessen Freude an der fremden Form, noch mehr des bloßen Spiels zu finden ist als bei späteren Lyrikern. Es waren auch nur Philologen mit ihrer Unfähigkeit einem Dichter nachzufühlen, die am Buchstaben klebend Shakespeares Sonnette buchstäblich deuteten; die dichterischen Erklärer der Sonnette unter den Shakespeare-Forschern, z. B. Gildemeister, haben alle das Richtige getroffen, und Goethe hätte nicht anders geurteilt, wenn er die Geschichte des englischen Sonnetts gekannt hätte.

Shakespeares Sonnette sind eine Mischung aus fantastischem Spielen mit der Kunstform und aus Echtem, das Echte aber in geringerer Beigabe. Ohne Zwang kann man alle Sonnette für empfunden halten, in denen statt der sonst überwiegend dunkeln und nach damaliger Sonnetten-Mode gezierten Sprache durchsichtige Klarheit und Einfachheit herrscht. Wer für echte Empfindung das Ohr hat, findet diese Sonnette unschwer heraus. So ist das 29. Sonnett (vgl. S. 41) kaum anders deutbar denn als ein persönlicher Aufschrei eines von der Welt Erniedrigten. Denselben Eindruck empfängt man von mehren Sonnetten der mit dem 127. beginnenden Reihe: die dunkle Dame hat wohl in der Wirklichkeit gelebt und Shakespeare Freud' und Qual bereitet.

Rein dichterisch sind die Sonnette den ähnlichen Leistungen seiner besten Zeitgenossen:

Sidneys, Spensers, Drummonds, mindestens ebenbürtig; einige überragen an Eigenart der Anschauung und Kraft des Ausdrucks alle Sonnettendichterei ihrer Zeit. Gewiß liegt Shakespeares unvergleichliche Bedeutung als Dichter nur in seinen Dramen; doch zeigen seine kleineren Dichtungen ihn als den Einzigen auch darin, daß ihm alles gelang, was er angriff.

Nun gar die in seine Dramen eingestreuten zahlreichen echten Lieder! Sie sind nicht nur das Herrlichste an wahrer, gesanglicher Lyrik aus dem ganzen liederreichen 16. Jahrhundert; sie zählen auch heute noch zu dem Besten der englischen Lyrik überhaupt. Das haben die berufensten Richter über das eigentliche Lied, die Tondichter, längst erkannt, und in Deutschland zumal gehören einige Shakespeare-Lieder zu den meistgesungenen unserer Musikhallen.

4. Shakespeares dichterische Begabung.

„Ich erinnere mich nicht, daß ein Buch, ein Mensch oder irgendeine Begebenheit des Lebens so große Wirkungen auf mich hervorgebracht hätten, als Shakespeares Stücke. Sie scheinen ein Werk eines himmlischen Genius zu sein, der sich den Menschen nähert, um sie mit sich selbst auf die gelindeste Weise bekannt zu machen. Es sind keine Gedichte! Man glaubt vor den aufgeschlagenen, ungeheuren Büchern des Schicksals zu stehen, in denen der Sturmwind des bewegtesten Lebens saust und sie mit Gewalt rasch hin und wieder blättert." — Diesen berühmten Ausspruch Goethes hat seitdem ein weiteres Jahrhundert bekräftigt. Es gibt keinen zweiten Dichter außer Shakespeare, von dem so viel Bildungsstoff in das geistige Leben seines Volkes, ja aller Kulturvölker der Erde übergegangen ist. Auch die Wenigergebildeten sind unbewußt Shakespeares Schuldner geworden; er hat nicht nur bei Jedem die stärksten Kunsteindrücke von der Bühne her erzeugt, er hat selbst unsere Sprache bilden helfen. Ausdrücke wie „Zahn der Zeit", „Buch der Natur", „Kanonenfutter" und wie viele andere sind Shakespeares Sprachgut. Der Gedankenschatz eines Stückes wie „Hamlet" allein ist aus unserm Geistesleben nicht mehr wegzudenken.

Shakespeare ist die großartigste Gestalt der

ganzen Renaissance. An der Grenze zweier Welten, die höchste Verkörperung einer hinsinkenden Zeit und zugleich vorausdeutend auf den Anbruch einer neuen, so steht er am Ausgang des 16. Jahrhunderts. In ihm ward noch einmal die strotzende Schaffenskraft des Jahrhunderts der Renaissance gesammelt; in ihm gipfelte das Drama, diese lebensvollste Kundgebung des altenglischen Volksgeistes; aus ihm ertönte das fröhliche Lachen der Erdenfreude im lustigen Altengland zum letzten und zum hellsten Male. Was nach ihm kam, auf mehr als ein Jahrhundert, war zuweilen noch Poesie, oft noch Witz, selten geistige Freiheit; aber es war nicht mehr die Zusammenfassung aller edelsten Kräfte eines Menschen und eines Künstlers zu einem schöpferischen Vollgeist. Darum weilt das Auge des Literaturforschers so gern und so lange bei dieser Krone des 16. Jahrhunderts, ja des ganzen englischen Volkes, ehe es sich der nach ihm für England anbrechenden grauen, selbstquälerischen Puritanerzeit zuwendet.

Soweit solche Vergleiche überhaupt zulässig sind, darf man Shakespeare auch an den erhabensten Erscheinungen der Renaissance-Bildnerei messen. Er vereinigte in sich die Größe und Wucht des Übermenschen Michelangelo mit der reifen Süßigkeit Raffaels; und sieht man ihn auf der Höhe seiner Menschheitkunst doch zugleich so ganz als derben Engländer am Boden seiner

Heimaterde haften, so denkt man an den ihm nicht unverwandten Albrecht Dürer.

Shakespeares lebendiger Ruhm ist von allen der am weitesten über die Erde getragene; in seinem Reiche geht die Sonne der Liebe und Verherrlichung nicht unter. Nicht nur wo Englands Sprache erklingt, also vom Atlantischen bis zum Stillen Ozean und über Chinas Küsten und Indiens Städte zurück nach dem britischen Mutterlande; nein, bei allen gebildeten Nationen sind Shakespeares Werke ein unentbehrlicher Bestandteil des Kunstlebens, sei es im Drama, oder in der Oper, in der Malerei oder Bildhauerkunst. Nicht Homers noch Goethes Helden sind so allüberall gekannt wie einzelne Gestalten Shakespearischer Dramen. Er ist unter allen dramatischen Dichtern der einzige, der auf alle Stände ohne Unterschied bleibend die größte Anziehung übt. Die niedrige Stufe des heutigen Theaterwesens in England hat natürlich auch Shakespeares Geltung geschadet; aber immer kehren selbst dort Zeiten wieder, in denen, oft durch einen einzigen guten Schauspieler, eine vollständige Wiedererweckung Shakespeares erfolgt. In Amerika und in England haben Booth und Irving für ihre Shakespeare-Vorstellungen stets eine Teilnahme geweckt, wie sie nur zu den besten Zeiten des englischen Theaters zu finden war. Und vollends in Deutschland, dem Shakespeare als „Bühnenerschütterer" ja viel inniger eigen geworden als seinem Vaterlande, gibt es keine noch so kleine Stadt, in der nicht von seinen Dramen eines aufgeführt wäre. Um Shakespeare gerecht zu werden, bedarf es keines Hoftheaterpompes; er kann auf der kleinsten Bühne gespielt werden und die höchsten Wirkungen erzeugen. Sein herrliches Wort von dem „einen Anhauch der Natur, der die ganze Welt verwandt macht", hat sich zumeist von allen Dichtern an diesem Einzigen erfüllt.

Mit all seiner Größe, die schon seit drei Jahrhunderten die Welt in Staunen hält, stand Shakespeare nicht vereinsamt und unvermittelt in seiner Zeit. Eine schnelle aber üppige Entwickelung des Dramas war vorangegangen, als er nach London kam. Sich alles zunutze machend, was seine Vorläufer und Zeitgenossen an Anregungen boten, faßte er das gesamte damalige dramatische Können in seiner Person zusammen und hob es auf eine Stufe, deren Höhe die Mitwelt wegen der zeitlichen Nähe gar nicht ahnte, und die uns erst durch ein vergleichendes Studium der Vorshakespeareaner und Shakespeares selbst erkennbar wird. Von seiner dramatischen Kunst, seiner großgearteten Weltanschauung, seiner unerreichten Seelenfunde, seiner zauberischen Sprache hat keiner seiner Vorgänger, Marlowe nicht ausgenommen, etwas aufzuweisen. Seine jüngeren Zeitgenossen und unmittelbaren Nachfolger, wie Fletcher, Massinger, Heywood, schon mehr.

Shakespeares überragende Bedeutung als Dichter wurzelt, vor allem andern, in seiner Schöpferkraft, die jedes sonst aus der Geschichte der Poesie bekannten Maßstabes spottet. Wie die zeugende und gebärende Natur hat er mit lebendigem Odem erfüllte Wesen geschaffen von solcher Blutwärme und in so verwirrender Fülle, wie kein andrer Dichter irgendeines Zeitalters. Wohl tausend Menschen, atmende, wandelnde, liebende, hassende, hat dieses einen Mannes geistige Zeugungskraft hervorgebracht, im strengsten Wortsinne des „Poeten", des Schöpfers. Von dem prometheischen Funken, der den alten Titanen befähigte, „Menschen zu formen nach deinem Bilde", hat nie ein Sterblicher mehr in sich glühen gefüllt als William Shakespeare. Und der Hauch, den er seinen Geschöpfen einblies, war ein ewig-belebender: durch alle Wetter der Geschichte haben sich Shakespeares Gestalten gerettet, ewig jung, ewig strahlend von jenem Lichte des Lebens, das einzig auf Erden die Kunst ihren Gebilden verleiht; in ihren Adern rollt das Unsterblichkeit verleihende Götterblut der Poesie. Wem haben Shakespeares Menschen nicht mehr Lebensechtheit als die längst in Staub zerfallenen und in alle Winde verflogenen Großen dieser Erde, von denen uns Geschichtstafeln oder verlogene Grabschriften melden! Wer spräche noch von Heinrich IV., es sei denn um Falstaff zu nennen? Und was wäre uns der mächtige Herzog John von Gaunt mehr als eines Schattens Name, hätte nicht Shakespeare gerade ihm in „Richard II.", Akt II Szene 1, jene wundervollen Worte der Vaterlandsliebe auf die Lippen gelegt (vgl. S. 51). Den „tausendseligen" nannte ihn Coleridge mit einem glücklichen Trefferwort.

Bis zu seinen letzten schönen Menschengebilden Hermione und Perdita im „Wintermärchen" blieb die Schöpferkraft ihm unvermindert. Eine besondere Vorliebe aber zog ihn zum Formen weiblicher Gestalten. So edlen oder poetisch duftigen Frauen und Mädchen wie Imogen, um die herrlichste von allen zuerst zu nennen, Julia, Desdemona, Ophelia, Cordelia, Hermione, Beatrix, oder solchen ins Riesenhafte übergehenden Gestalten wie Cleopatra und Volumnia hat er nicht viele Männer von gleichem Reiz und Adel gegenübergestellt. Doch muß sein Percy genannt werden als die Krone aller Männer, eine Schöpfung, bei der man des Dichters Auge selbst vor Freude glänzen sieht.

Shakespeares Menschen sind nichts als irdische Menschen; keine Halbgötter und Phrasenhelden. Auch die liebreizendsten unter ihnen rückt er uns durch kleine Menschlichkeiten näher: man denke an Julia, Desdemona, Ophelia. Gervinus und Ulrici, zwei Professoren, haben Shakespeare ernsthaft die Absicht untergelegt, er habe in jedem Stück eine bestimmte „Idee", irgend einen blaßgrauen, nebelhaften Begriff verkörpern wollen, gerade als wäre er ein Schüler Hegels gewesen. Nein, menschliche Leidenschaften im Kampfe gegeneinander, lachende, jubelnde, zuckende, blutende Menschenherzen, das sind die Stoffe, aus denen er seine Dramen erbaute. Ganz ist diese Art, Shakespeare philosophisch zu verflüchtigen, noch heute nicht ausgestorben; ein Herr Türck erblickte noch unlängst in Hamlet „das Eintreten der Erkenntnis von der Transszendenz des wahrhaft Realen!" Damit wäre denn endlich das Hamlet-Rätsel gelöst, und so einfach!

Besonders deutlich wird die rein menschliche Kunst Shakespeares beim Vergleich mit Molière. Dieser schuf keine Einzelmenschen, sondern Verkörperungen von Begriffen: vom Geiz, vom Misanthropen, vom Zierpuppentum; lauter fertige Gestalten, an denen es kein Werden und Wachsen gibt. Ähnlich auch Ben Jonson. Bei Shakespeare sehen wir nichts als diesen oder jenen Menschen, der vor unsern Augen aus seinem Kern herauswächst.

Unter allen Dichtern alter und neuer Zeit ist er gleich Goethe und nur gleich ihm der Dichter mit einer in sich vollendeten, allumfassenden Weltanschauung. Über Göttliches und Menschliches vernimmt man aus seinen Werten, wo immer man sie befragt, tiefe Antworten. Mit sehr glücklichem Ausdruck nennt darum Heine Shakespeares Dramen ein „weltliches Evangelium." Wie man im frühen Mittelalter Virgils Äneis, in späteren Jahren die Bibel aufs Geratewohl aufschlug, um einen Schicksalsrat zu erfragen, so kann man im Shakespeare sich von jeder Stelle aus festlesen und sich über den Wust des Tages hinausschwingen.

Die ehernen Angeln seiner Weltanschauung sind Wahrheit und Gerechtigkeit. Er ist der Dichter des Gewissens, der sittlichste unter allen im höchsten Sinne des Wortes. Zwar die Unschuld und den Seelenadel kann der Tragödiendichter nicht vor dem Untergange retten, denn so will es die Tragik des Lebens, so will es die hohe Kunst; doch niemals, in keinem einzigen Drama, läßt Shakespeare die Niedertracht am letzten Ende triumphieren. Auch wo das Edle unterliegt, da flammt zerschmetternd und sühnend der Blitzstrahl nieder auf das Böse und die Bösen. In seiner verdüstertsten Zeit wird der Dichter nicht vor Bitterkeit ungerecht oder grausam: er vermag z. B. nicht, in „Maß für Maß" Isabella dem Schurken Angelo zu opfern, sondern findet, abweichend von der Rohheit seiner Quelle, einen rettenden Ausweg, weil er fühlt: für die dem edlen Mädchen angedrohte Schmach würde selbst der Tod des Verbrechers keine Sühne sein. Solch Abweichen von der sonst befolgten Novelle zeigt uns den adligen Sinn des Dichters wie seine wunderbare Kunst. Jener Unbekannte, der der zweiten Folio von 1632 sein herrliches Gedicht On worthy Master Shakespeare and his poems mit auf den Weg gab (Century of praise, 190), vielleicht Milton, hat des Seelenkündigers Wesen von allen frühen Verehrern seiner Größe am schönsten ausgesprochen:

> — — Now to move
> A chilling pitty, then a rigorous love,
> To strike up and stroke down, both joy and ire;
> To steer th'affections; and by heavenly fire
> Mould us anew. Stol'n from ourselves.
> This and much more whitch cannot be exprest,
> But by himself, his tongue and his own brest,
> Was Shakespeare's freehold. —

Der sittliche Kern der Menschendarstellung bei Shakespeare hängt mit dem Geist der Renaissance zusammen: mit der Befreiung der Menschenleere aus tausendjährigen Banden. Im ganzen Mittelalter hatte der sittliche Schwerpunkt außerhalb des Menschen gelegen, bei der Kirche. Auch das antike Drama, mit all seiner Formvollendung, kannte Eines nicht, womit die echte Tragödie steht und fällt: die Willensfreiheit des Helden. Der eigentliche Held der griechischen Tragödie ist die Gottheit, oder ein noch Unbekannteres: das Schicksal. Der Charakter der Personen macht sich nur nebenher als Triebkraft des Dramas geltend; in ehernen Händen ruht Anfang und Ende vorbestimmt und unabänderlich. Der

Charakter wird von der Handlung überwältigt, und über beiden schwebt die Moira, die durch irgendeinen gefälligen „Gott aus der Theatermaschine" ins menschliche Leben eingreift. Bei Shakespeare dagegen entwickelt sich alle Handlung aus den Charakteren des Stückes: in ihrer Brust sind ihres Schicksals Sterne. Macbeth wird zum Morde Duncans nicht durch die Hexen gezwungen; die Hexen sind vielmehr nur die grausige Widerspiegelung seiner langgehegten, wenn auch nebelhaften Herrschaftspläne. Nicht Schicksal noch Gottheit läßt Shakespeare in seiner Menschen Tun und Leiden sich einmischen: das ist der innere Grund für die uns wie ein Anhauch der Natur selbst anwehende Wahrheit seiner Gestalten. Der wackere, nicht überpoetische Mathias Claudius hat diesen Wahrheitsgeist Shakespeares im Gegensatz zum französischen Deklamationsdrama schlagend bezeichnet durch den Vergleich mit Voltaires Theaterstücken:

> Meister Arouet sagt: ich weine.
> Und Shakespeare weint.

Und Goethe zwang diese selbe Empfindung zu dem Ausspruch (an Zelter): „Natur und Poesie haben sich in der neueren Zeit vielleicht niemals inniger zusammengefunden als bei Shakespeare."

Das Drama ist die unpersönlichste Dichtungform, und Shakespeare der unpersönlichste Dramatiker. In der Anerkennung von Shakespeares Unpersönlichkeit, mit dem Schulwort: „Objektivität", stimmen alle Beurteiler überein. Das Wort von dem Schöpfer, der sich hinter seiner Schöpfung verbirgt, ist zutreffend. Liest man die Aussprüche seiner Helden, so haben sie alle Recht, so sehr sie einander widersprechen. Es geht damit, wie mit den Widersprüchen in den Sittensätzen der Bibel. Selbst solche, allerdings mit einer gewissen Hartnäckigkeit wiederkehrende Züge, wie die Verachtung des Pöbels in Heinrich VI., Coriolan, Julius Cäsar, die Betonung des Vorrechts der wahren Aristokratie, sie finden ihr Gegengewicht in den so beredten Worten des Junius Brutus (Coriolan, III 1), die man bislang nicht genug gewürdigt hat:

> Du sprichst vom Volk,
> Als wärest du ein Gott, gesandt zu strafen, Und
> nicht ein Mann, der seine Schwachheit teilt!

Daß Shakespeare zur Zahl Derer gehörte, die das Recht des großen Einzelmenschen gegen den Haufen, den Verstand der Wenigen gegen den Unsinn der Mehrheit verteidigten, wer will ihm das verargen? Wie viel Einfluß auf seine ständige Verhöhnung der „übelriechenden Bürger" die Mißachtung geübt, die er als Schauspieler vom Gevattertum der Schneider und Handschuhmacher erduldet hat, kann nur geahnt werden. Plutarch gab ihm für Coriolan und Cäsar nichts davon an die Hand. Daß Shakespeare nicht durchweg sein eigenes Empfinden verschlossen, dafür legen Zeugnis ab die nicht seltenen Stellen mit offenen oder überdeckten Angriffen auf das Puritanertum mit dessen lebens- und kunstfeindlicher Frömmelei. Dicht vor dem Zeitalter, in dem man in England sich nur als Erben des Himmels ansah, hat Shakespeare noch einmal mit fast leidenschaftlicher Heftigkeit das Erdenbürgerrecht des Menschen verkündet. Wer zweifelt, daß ihm das prächtige Wort in „Was ihr wollt" (II3) aus dem eigenen lebensfrohen Herzen geflossen:

„Dost thou think, because thou art virtuous, there shall be no more cakes and ale? — Yes, by Saint Anne, and ginger shall be hot i'the mouth, too!"
(von Byron als Motto für seinen Don Juan gewählt).

Nein, ein Puritaner ist Shakespeare sicherlich nicht gewesen, so wenig wie ein Katholik, so wenig wie ein glaubenseifriger Protestant.

Um die Welt zu sehen, hatte er das Auge für die Wirklichkeit der Dinge und Menschen; um sie darzustellen, die Feder des Dichters.

Shakespeares sogenannter Realismus ist nirgends jener graufarbene, spinnenwebige Realismus erfindungsloser Handwerkschriftsteller, die im photographischen Abklatsch der unerquicklichen Mittelmäßigkeiten des Lebens das Endziel aller

Kunst sehen. Überall rauscht der starke Flügelschlag einer hoch über das Erdenleben sich erhebenden Fantasie, und wo nur ein Fleckchen Raum dazu ist, betupft sein Wunderpinsel die häßliche oder doch gleichgültige Wirklichkeit mit dem in allen Farben schillernden Schmetterlingstaub der Poesie. Derselbe Mann, der in den „Lustigen Weibern" das Höchste in der dichterischen Gestaltung des Philistertreibens vollbracht, hat im „Sommernachtstraum" ein Gewebe aus Mondesstrahlen und Musikakkorden geknüpft. Ja selbst die Spießbürger von Windsor erleben zum Schluß noch etwas wie eine Berührung mit der Elfenwelt. Ohne einige Romantik, ohne einen Schimmer seiner mondbeglänzten Zaubernacht konnte Shakespeare jenes sein einziges überwiegend in Prosa geschriebenes Stück nicht entlassen.

Sein Realismus wurzelte in der engsten Berührung mit dem englischen Volksleben. Er war ja kein geborner Hauptstädter, und Stratford glich damals mehr einem Dorf als einer Stadt. Großgeworden in Wald und Flur, gleichviel ob ein bischen Gentleman-Wilderer oder nicht, hatte er den starken Erdgeruch der Heimat sich auch in London bewahrt. Seine Dichtung hat das, was man in Schwaben von gewissen Weinen sagt: Bodengefährt. In seinen Dramen hat man über 150 Pflanzennamen, über 100 Vogelnamen gezählt. Bei welchem Dichter kommt eine so liebevolle Kenntnis der belebten Natur noch vor? Dergleichen lernt Keiner auf den Hochschulen Oxford oder Cambridge, und es ist sehr lehrreich, die akademisch gebildeten Dramatiker um ihn herum darauf hin mit dein Stratforder Ackerbürgersohn zu vergleichen, der so wenig Latein und weniger Griechisch gewußt haben soll! Aus der Heimat mitgebracht hatte er auch seine Vertrautheit mit allerlei luftigem Gesindel der Geisterwelt, mit Puck und Ariel und ihresgleichen, sodaß seine Werke eine vollständige Sammlung des altenglischen Märchenglaubens bieten.

Dazu seine Kunst, wenn er will, auch Wirklichkeitstimmung durch Äußerlichkeiten zu erzeugen. Von der italienischen Farbe in den Italiendramen: Romeo und Julia, Kaufmann von Venedig, Othello, war schon die Rede (S. 28). Wer je durch einen Nebelregentag auf schottischer Heide gewandert ist, der hat das Gefühl gehabt: Shakespeare hat aus einer Erinnerung an solche Taggespensterbeleuchtung seine Hexenszenen im "Macbeth" geschrieben. Und bei der Möglichkeit, daß er als Schauspieler oder sonst auf einer Reise auch nach Dänemark gekommen, bedürfen wir kaum der andern Erklärung für seine Ortskenntnis und Vertrautheit mit dänischem Trinkbrauch: die uns erhaltene Beschreibung Helsingörs durch Schauspieler aus London, drei Mitglieder der Shakespeare-Bühne.

Endlich noch eine Betrachtung der Seite in

Shakespeares dichterischer Art, die am häufigsten mißkannt worden ist: seiner Derbheit oder, rund heraus, seiner „Unanständigkeit". Auch hier muß landläufigen Urteilen schnurstracks entgegengetreten werden. Jeder Dichter schreibt die Sprache seines Volkes zu seiner Zeit, und Shakespeares Männersprache des 16. Jahrhunderts zu beurteilen nach dem Sprachgebrauch einer Mädchenschule im 19. Jahrhundert, ist albern. Wer eine Ahnung hat von der Sprache der andern englischen Dramatiker jener Zeit, der kann die maßvolle Art Shakespeares nur aufs höchste bewundern. Er bildet auch hierin eine ganz vereinzelte Ausnahme. Schon in der Auswahl und Umbildung seiner Stoffe zeigt sich die Herzensreinheit des Dichters mit der hohen Sittlichkeit: es sei abermals an die bewußt vorgenommene Änderung in „Maß für Maß" erinnert, durch die eines edlen Weibes Entehrung vermieden wird. Er schrieb nur für das Publikum seines Theaters, nicht für Bücherleser, und er wußte, daß er keinen Anstoß erregte, wenn er seine männlichen Gestalten die derbe, ja rohe Sprache seiner Zeit reden ließ. Auch darin geht er nicht annähernd so weit wie seine dramatischen Zeitgenossen; die Derbheit ganz zu unterdrücken, hätte ihm mit Recht ein Verstoß gegen die Lebensechtheit seiner Menschen dünken müssen. Wie notwendig gehören z. B. gewisse rohe Bilder in Jagos Sprache zu dessen Teufelnatur. Dem halte man jedoch entgegen die Reinheit und Zartheit, über die Shakespeare gerade an den entscheidenden Punkten gebietet. Nur zwei Beweisstellen von zahllosen für diesen oft übersehenen Zug in seinem Wesen. Jago will in satanischen Gelüsten Desdemona zwingen, die grausam schmutzigen Worte nachzusprechen, die Othello ihr in der höchsten Raserei der Eifersucht entgegengeschleudert hat (IV 2):

>Jago: What's the matter, lady?
>Emilia: Alas, Jago, my lord hath so bewhored her, Thrown such dispite and heavy terms upon her, As true hearts cannot bear.
>Desdemona: Am I that name, Jago?
>Jago: What name, fair lady?
>Desdemona: Such as she says my lord did say I was.

Keine Übersetzung kann dieser wunderbaren Feinheit heiliger Scham gerecht werden.

Ein Seitenstück dazu bietet Imogens Antwort auf den scheußlichen Vorwurf in Posthumus' Brief. Zunächst umschreibt sie in der Wiederholung der beschimpfenden Anklage das ärgste Schimpfwort durch „False to his bed!" und jammert dann, als habe sie des Geliebten Schimpf gar nicht verstanden (III 4):

>What is it to be false?
>To lie in watch there and to think on him?

To weep twixt clock and clock? If sleep charge nature,
To break it with a fearful dream of him
And cry myself awake? That's false to's bed,
is it?

5. Shakespeare der Künstler.

„Überhaupt hat Shakespeare bei seinen Stücken schwerlich daran gedacht, daß sie als gedruckte Buchstaben vorliegen würden, die man überzählen und gegeneinander vergleichen und berechnen möchte; vielmehr hatte er die Bühne vor Augen, als er schrieb; er sah seine Stücke als ein Bewegliches, Lebendiges an, das von den Brettern herab den Augen und Ohren rasch vorüberfließen würde, das man nicht festhalten und im Einzelnen bekritteln könnte, und wobei es bloß darauf ankam, immer nur im gegenwärtigen Moment wirksam und bedeutend zu sein." —

Diese Worte Goethes (zu Eckermann) enthalten den Schlüssel zn Shakespeares Kunst. Für die Masse seiner heutigen Leser, gewöhnt an unsere Literatur gedruckter Bücher, ist es unbegreiflich, was doch so wahr ist und in einer Betrachtung der Kunst Shakespeares nicht stark genug betont werden kann: nie ist es ihm in den Sinn gekommen, seine Dramen drucken zu lassen; nicht ihm noch zu Shakespeares Zeiten einem seiner Mitdramatiker. Das Theaterstück war ein flüchtiges Ding vom Tage, das der nächste Tag meist nicht mehr sah, und das nicht zur Literatur gerechnet wurde. Erst nach Shakespeares Tode beginnt in dieser uns kaum faßbaren Mißachtung des Dramas als eines vollberechtigten Bestandteils der Dichtung ein Wandel: durch das Beispiel des auf seine gelehrten Theaterstücke eiteln Ben Jonson. Heminges und Condell, die ersten Herausgeber Shakespeares, bezeichnen in der bewundernden Vorrede seine Dramen getreu dem damaligen Sprachgebrauch als „trifles"; und der Begründer der berühmten Bodleyana-Bibliothek zu Oxford verbot 1596. jemals „solchen Plunder" (rifferaffe), nämlich englische Schauspiele, aufzunehmen. Bis zum Jahre 1616, in dem Ben Jonson seine Werke drucken ließ, ist alles, was an Dramen der öffentlichen Volksbühne gedruckt vorliegt, Raubausgabe gewinnsüchtiger Verleger und nur wie Flugblattliteratur anzusehen. Wer Shakespeare gesagt hätte, nach 300 Jahren würden seine Dramen zum Bücherbestande jedes gebildeten Menschen gehören, hätte sicher bei ihm nur ein ungläubiges Lächeln erregt. Der Dichter selbst hat nie ein Druckexemplar aller seiner Dramen besessen.

Nicht für Leser, sondern für Zuhörer und Zuschauer hat Shakespeare gedichtet: daher die Triebkraft seiner Handlung, daher die Greifbarkeit aller seiner Gestalten. Seine Zuschauer hatten keine Geduld für handlungsarme, breitgetretene Einleitungsakte. Kaum ist der Vorhang aufgerollt, so braust es wie Wirbelsturm vor dem Gewitter über die Bühne. Es gibt keinen zweiten dramatischen Dichter, dessen erste Akte schon die Seele des Zuschauers in so bange oder freudige Spannung versetzen. Man denke nur an die ersten Akte, ja schon an die ersten Szenen im Hamlet, im Macbeth, Lear, — und wo nicht! Seine ersten Akkorde schlägt er stets mit voller Kraft an; aber auch im weiteren Verlauf geht alles wie Sturmeswehen vorwärts.

Und seine Gestalten! Er sah und dachte beim Schaffen in lebenden Gebilden. Liest man heute eine der Quellen Shakespeares und versieht sich, das daraus geschöpfte Drama vor Augen, in des Dichters Seele, so sieht man förmlich, wie vor ihm beim Lesen sogleich die beweglichen Menschen aus dem Abgrund aufstiegen, gleichwie aus einer Bühnenversenkung; wie sie auf ihn einstürmten, einredeten und ihn zum Niederschreiben zwangen.

Aus dieser Sonderart des Shakespeare-Dramas als eines ausschließlichen Bühnendramas folgt auch seine zuweilen stark verkürzte Motivierung. Für Bücherleser wurde die Szene nicht geschrieben, in der Richard III. um Lady Anna an der Bahre ihres Gatten freit (Richard III., I 2). Sehr vieles, was für den Leser breit ausgeführt werden müßte, durfte er für ein mit Ohr und Auge an die Bühne gebanntes Publikum nur in derber Holzschnittmanir zeichnen. Das Erstaunliche hierbei wird immer bleiben, daß Shakespeare trotz alledem mit solcher Treue und solchem inneren Stolz seinem Dichtergewissen folgte und nicht den Beifall der Menge, sondern die Zustimmung einiger Weniger zu seiner

Richtschnur nahm.

Er mußte zwar auch mit der Menge rechnen, denn sie war es, von der das Drama lebte; aber das eine Wort vom „Kaviar fürs Volk!" im „Hamlet" zu dem Schauspieler beweist mehr als lange Abhandlungen sein stolzes Selbstbewußtsein. Liest man jetzt im Studierzimmer seine gedruckten Dramen und denkt inmitten der Bewunderung für die Höhe seines Gedankenfluges und die Tiefe seiner Empfindung an das Publikum und die Theater-Verhältnisse, für die das alles geschrieben war, um vermeintlich nie gedruckt zu werden, so denkt man an die heilige Gewissenhaftigkeit der griechischen Bildhauer, solche Werke, die nur dem Blick von vorn zugewendet waren, auch an den unsichtbaren Teilen mit ihrer feinsten Kunst zu schmücken oder an den frommen Mönch von Fiesole, der seinen Klosterbrüdern in ihre dunklen Zellen zu San Marco die schönsten Wandbilder mit all der Sorgsamkeit hoher Kunstübung malte.

Das Genie gilt Vielen für eine Art göttlichen Wahnsinns, der blindlings das Richtige trifft, ungefähr in Nachtwandlerart. Sonderlich für Shakespeare ist die Auffassung, er sei ganz Genie, d. h. ein willenloses Spiel einer glücklichen Laune der Natur gewesen, schon sehr alt. Milton hat den Anstoß dazu gegeben durch die gutgemeinten Verse:

Or sweetest Shakespeare, Fancy's child,
Warbles his native woodnotes wild.

Dieser Aberglaube von der „Naturdichterei" Shakespeares spukt noch heute in vielen Köpfen, weil die irrige Ansicht von seiner geringen Bildung so schwer auszurotten ist. Als ob nicht das Drama das Bewußteste beim Dichter: die Zweckmäßigkeit des Aufbaus, im allerhöchsten Maße erheischte. Als ob in der ganzen Weltliteratur sich auch nur ein Beispiel eines „Naturdichters" als eines großen Dramatikers nachweisen ließe! Die ernsthafte Forschung hat in Shakespeare längst den gebildeten Künstler erkannt, der zwar seiner Zeit und seinen Zuhörern Zugeständnisse des Stilgeschmacks gemacht, der aber an sinnreicher Vorausberechnung der Kunstwirkung seiner Dramen es mit jedem späteren Bühnendichter aufnimmt. Der „betrunkene Wilde", als der er Voltaire erschien, hat viel mehr als der klügelnde Franzose von der echten Bühnenkunst verstanden. Mit hellem Bewußtsein hat Shakespeare sich für seine Gattung des Dramas entschieden: für das romantische Volksdrama. Aus einigen Wendungen im „Coriolan" (11, Parabel des Menenius), auf die bisher noch nicht geachtet worden, läßt sich beweisen, daß Shakespeare auch Sir Philip Sidneys berühmte Schrift Defense of Poesie (1581) gelesen. Darin verwirft der sonst so verständige, für die Poesie seines Volkes so begeisterte Held und Schriftsteller Sidney das englische Volksdrama wegen seiner Regellosigkeit, seiner schreienden Verstöße gegen die drei Einheiten, d. h. gegen das Seneca-Drama, und rühmt das nach allen Regeln der klassischen Kunst gebaute langweilige, stelzbeinige Drama Gorboduc der klassischgebildeten jungen Rechtsgelehrten Sackville und Norton (1562). Gelesen hat Shakespeare diese Schrift; ihre falsche Lehre zu befolgen ist ihm nicht eingefallen. Es liegt ein feiner, verhaltener Spott über die steife klassische Tragödie in Sprache und Form des Theaterstücks der Schauspieler im „Hamlet" (III 2). Da das Stück an einem Königshof aufgeführt wird, so gibt Shakespeare ihm die für theatralische Hoffeste übliche Reimform. Daß solche Feinheiten nicht aus Naturdichterei entspringen, darüber sind weitere Worte überflüssig.

Shakespeares Dramen sind Charakterdramen, aber nicht wie bei Ben Jonson und Molière Dramen mit festen Charakterschablonen, sondern das ganze Stück und jeder einzelne Mensch darin wird und wächst aus dem Mittelpunkt seines Wesens heraus, wie die Blume aus einem Samenkorn. Die dramatische Kunst Shakespeares, und sie ist die echte und einzige, besteht nun darin, daß seine Personen sich selber charakterisieren durch Handlungen oder Handlungsreden, aber nicht durch Reden über sich selbst. Vieler Worte bedarf es bei ihm dazu nicht: oft genügt ihm ein ganz kurzer Satz, um einen Charakter unverkennbar auszuprägen. Es sei z. B. erinnert an die treffende, unbewußte Selbstschilderung des Cassius („Julius Cäsar" II 1); zu Marcus Antonius gewendet sagt er nach Cäsars Ermordung:

> Your voice shall be as strong as any man's
> In the disposing of new dignities.

Ihm ist Cäsars Beseitigung keine große Staatshandlung gewesen, sondern nur ein Mittel zur ungestörten Ausraubung des Staatsvermögens. — Und kann etwas die Gattin Coriolans, Virgilia, dieses angstbebende Taubenherz, besser schildern, als ihr Schreckensausruf bei der bacchantischen Wonne, mit der Coriolans Mutter Volumnia sich ihren Sohn denkt „mit blut'ger Stirn"? Es ist nur ein Fantasiegebilde der Volumnia, aber dennoch schreit Virgilia auf:

> His bloody brow! Oh Jupiter, no blood!

Und Coriolan selber vollendet ihr entzückendes Gegensatzbild, indem er sie begrüßt mit den in seinem Munde so zarten Worten: „My gracious silence!" In einer arg philisterhaften, kritischen Betrachtung über Shakespeares Stilkunst schrieb Ben Jonson:

> He had an excellent Phantasie, brave notions,
> and gentle expressions: wherein he flow'd with
> that facility, that sometime it was necessary he

should be stop'd. — His wit was in his own power; would the rule of it had been so too. — There was ever more in him to be praised, than to be pardoned.

Diese von Ben Jonson getadelte Leichtigkeit des Schaffens hat Shakespeare doch nicht zur Geschwätzigkeit verführt. Er, der wörterreichste Dichter, dessen Sprachvorrat 15000 Wörter umfaßt gegenüber den 9000 in Ilias und Odyssee zusammen, gegenüber den 6000 im Alten Testament, — wie wortkarg kann er sein, wenn die Sache es will! Kann man in drei Worten beredter als Coriolan mit seinem „I banish you!" (III 3) den Stolz einer großen Mannesseele gegenüber dem Haufen ausdrücken? Ein Wort von ähnlicher Wirkung steht im „Lear" (V 3), da wo der Bösewicht Edmund im Sterben sich an seinen letzten Stolz anklammert: „Yet Edmund was beloved!"

Dieselbe Meisterschaft wie in der Charakterschilderung des Einzelnen zeigt Shakespeare da, wo er mit großen Massen zu tun hat. Nur Schiller reicht in dramatischer Beherrschung von Massen an Shakespeare hinan. Die Art, wie dieser im „Julius Cäsar", im „Coriolan", im „Heinrich IV." große Volksmengen handelnd eingreifen läßt, ist nie genug zu bewundern, und immer wieder denkt man an Robert Greenes Wort vom „only Shake-scene in a country".

Über die abgeschmackten Vorwürfe, besonders der Franzosen unter Führung Voltaires, gegen Shakespeares Stilmischung, also die Durchsetzung des Tragischen mit Komischem, ist die Zeit längst hinweggeschritten. Wer möchte heute die Pförtnerszene im „Macbeth" (II 3) missen, und vollends die Narren im „Lear"?

Zu den begründetsten Vorwürfen gegen Shakespeares Sprache gehört ferner der des „Concettismus" und „Euphuismus", also der gesuchten Witzigkeit, der Geziertheit und Geschraubtheit. Shakespeare hat dem durch Lylys Euphues festgelegten dichterischen Stil des Jahrhunderts, den er fertig vorfand, Opfer gebracht, bewußt und unbewußt. In steter Berührung mit der Bühne und ihrem langst vor ihm eingebürgerten Theaterstil; gezwungen, um des Erfolges willen zum Publikum hinabzusteigen, damit er es zu sich heraufzöge, erinnert er durch seinen Stil oft an gewisse Äußerlichkeiten in den Werken seiner dramatischen Zeitgenossen. Aber wir sühnen uns selbst mit seinem Concettismus aus, wenn wir ihm solche Perlen verdanken wie die liebliche, fantastisch-anmutige erste Begegnungsszene zwischen Romeo und Julia. Und wie streng selbstkritisch gegen seine und des Jahrhunderts Zielsprache ist der Dichter! Man lese z. B. Pistols bombastische Reden im „Heinrich IV., 2. Teil" oder des Don Adriano de Armadoin der „Verlornen Liebesmüh". Man darf nie vergessen, daß die dramatische Sprache durch

Shakespeares unmittelbare Vorgänger und Vorbilder, besonders durch Marlowe, um eine Oktave höher geschraubt war, als die schlichte Rede. Aber gerade beim Vergleich der Sprache Shakespeares mit der seiner Vorgänger bewundert man erst recht seine Einfachheit und Klarheit.

Shakespeares Verskunst ist besonders in neuerer Zeit eingehend erforscht worden, weil man aus ihren Wandlungen auf die Zeitfolge seiner Dramen schließen wollte. Wird diese Untersuchungsform nicht übertrieben, so hat sie ihre Berechtigung. Als Shakespeare sich dem Drama zuwandte, war der Blankvers durch Marlowe schon geschaffen; was ihm noch fehlte, war Fluß. Bei Marlowe ist der Blankvers überwiegend, nach dem Schulwort, „end stopt", d. h. Versschluß und Gedankenpausen fallen zusammen, ganz ähnlich wie im französischen Alexandriner des 17. und 18. Jahrhunderts. In seinen Jugenddramen blieb Shakespeare im Banne dieser überkommenen Verskunst. Allmählich aber befreite er sich von der Fessel, und die Zahl der in den nächsten Vers übergreifenden Versschlüsse (im Französischen Enjambement, im Englischen run-on verse) wurde immer größer. Diese durch genaue Zählungen erwiesene Tatsache ist unantastbar. Der Gewinn aus dieser Wandlung für den natürlichen Fluß der dichterischen Rede liegt auf der Hand. Was die Franzosen um 1830 durch eine lärmende literarische Umwälzung, die der Romantiker um Victor Hugo, so spät errungen: Natürlichkeit des Versbaus, das hat Shakespeare ohne allen Lärm 250 Jahre früher fertig gebracht. Eine ähnliche Entwickelung von der engen Fessel zur weiten durch die Abschaffung des Reims im Drama hat Shakespeare gleichfalls nachweisbar an sich vollzogen: seine Jugendstücke enthalten noch sehr viele Reime, die „Komödie der Irrungen" z.B. mehr gereimte als reimlose Verse; mit fortschreitender Einsicht in die Forderungen des lebenswahren Dramas gibt Shakespeare den Reim auf: im „Sturm" finden sich nur noch zwei Reime, im „Wintermärchen" gar keiner.

Über die Musik in Shakespeare's Sprache läßt sich nichts sagen: sie wird vom inneren Ohr gefühlt oder nicht gefühlt. Von allen Vorzügen war die wunderbare Süßigkeit seiner Sprache der schon von den Zeitgenossen am deutlichsten wahrgenommene und am meisten gepriesene Vorzug: honeytongued and mellifluous sind die stehenden Beiwörter für ihn in Dutzenden von Zeitstimmen. Hören wir ihn an einer der Stellen, die am tiefsten in Wohllaut getaucht sind:
> How sweet the moonlight sleeps upon this bank!
> Here will we sit, and let the sounds of music
> Creep in our ears; soft stillness and the night
> Become the touches of sweet harmony.
> Sit, Jessica; look how the flor of heaven
> Is thick inlaid wit patines of bright gold;

Theres's not the smallest orb which thou behold'st
But in his motion like an angel sings,
Still quiring the young-eyed cherubins;
Such harmony is in immortal souls;
But whilst this muddy vesture of decay
Doth grossly close it in, we cannot hear it.
Come, ho, and wake Diana with a hymn:
With sweetest touches pierce your mistress' ear,
And draw her home with music.

                              (Kaufmann von Venedig, V.1)

6. Shakespeares Bildung und Quellen.

Unverständlich scheint es Jedem, der sich in Shakespeares Leben und Werke vertieft, wie jemals die törichte Meinung hat aufkommen und sich verbreiten können, er sei ein wenig gebildeter Mensch gewesen. Der Ursprung dieser Torheit liegt in den Worten des Philologendünkels Ben Jonsons: „And though thou hadst small Latin, and less Greek". Der einzige Bildungsunterschied zwischen Shakespeare und den andern Dramatikern lag darin, daß er zwar die Lateinschule durchgemacht, aber keine Universität besucht hatte. Diese Lücke seiner Bildung, wenn es eine ist, hatte er aber durch eine so mannigfache Belesenheit ausgefüllt, daß er auch an Wissen hinter keinem seiner Zeitgenossen zurückstand, d. h. an Wissen von alledem, was ein Dichter braucht. Der aus seinen Werken erweisliche Umfang seiner Belesenheit war ein solcher, daß er auch den Vergleich mit dem Universalgelehrten Bacon nicht zu scheuen brauchte. Gerade in der Kenntnis des wertvollsten und bildendsten Wissens: der schönen Literatur alter und neuer Zeit, hat er Bacon übertroffen und auf der Höhe der erreichbaren Bildung seines Jahrhunderts gestanden.

Shakespeare war belesen in guter Literatur, aber nicht gelehrt, — gerade so wie der wahre Dichter es sein muß. Seine Belesenheit hat er sich auf dem natürlichen, Jedermann zugänglichen Wege erworben, und es gibt nichts dabei zu verwundern. Daß ein Dichter wie er, der jedes Jahr zwei, auch drei Stücke für sein Theater zu schreiben hatte, neugierig nach jedem neuen Buch griff, worin er einen guten Stoff finden könnte, ist ja selbstverständlich. Die Bücher, die er benutzt hat, sind nur solche, wie sie in einer Dichterbibliothek auch heute stehen; gelehrte Bücher hat er kaum gelesen, Novellensammlungen der Italiener und Franzosen Romane der Spanier, Reisebeschreibungen, Übersetzungen der griechischen und römischen Dichter, so viele damals erschienen waren, geistvolle Plaudereien wie Montaignes Essais: das war Shakespeares Bibliothek. Aus der Literatur des Altertums benutzte er nur, was für ihn als Dichter Wert hatte: die Dichter und den Menschenbeschreiber Plutarch. Von der klassischen Mythologie hat er so viel gewußt, wie alle Gebildeten seiner Zeit, und von diesem Wissen hat er einen geschmackvolleren Gebrauch gemacht, als die akademisch geschulten Dramatiker. Merkwürdig übrigens ist, daß wir dem Nichtlateiner Shakespeare die heute geläufige Fassung der Sterbeworte Cäsars verdanken: „Et tu, Brute!" ist Shakespeares eigene lateinische Übersetzung der griechischen Worte: „Καὶ σὺ τέκνον!"

Französisch hat er genug gewußt, um es zu lesen und zu schreiben; doch wird er für seine

Zwecke sich mit bequemeren Übersetzungen begnügt haben. Außer anderer Erzählungsliteratur der Franzosen hat er Rabelais' Gargantua gekannt (vgl. „Wie es Euch beliebt", III 2) und die Schilderung eines Zukunftsstaates im „Sturm" (II 1) hat er fast wörtlich aus Montaignes Essais (Buch I, Kap. 30) entlehnt. Von einem Exemplar der Florioschen Übersetzung Montaignes in Shakespeares Besitz war schon die Rede (S. 58). Er hat mich die Italiener gelesen, in Übersetzungen, wo sie bestanden, andres vielleicht in der Ursprache. Eine Stelle im „Othello" beweist seine Kenntnis Ariostos.

Selbstverständlich kannte er alles aus der älteren englischen Literatur, was noch nicht abgestorben war: Chaucer und sogar Gower, Spenser, Marlowe, Lyly, auch den wertlosen Whetstone, dessen Drama Promus uns Cassandra eine der Quellen zu „Maß für Maß" hergeben mußte. Überhaupt hat er das ganze altenglische Theater gekannt, so z. B. Prestons Cambyses, den er im „Heinrich IV., Teil 2" (II 4) erwähnt, und über einen bombastischen Vers in Marlowes „Tamerlan" macht er sich ebenda lustig.

Alles Beste seiner dichterischen Bildung verdankte er freilich andern Quellen als Büchern: seine Kenntnis der Natur in allen ihren Erscheinungen und seine Beobachtung der Menschen, den „scharfen Blick, die Welt zu schauen und den eigensten Gesang". Es ist ja nur ein Ausfluß der subalternsten Schulphilister-Anschauung von den Wegen zur höchsten Bildung, wenn man solch Aufheben macht von Shakespeares angeblich mangelhafter Schulbildung, zumal da für die wichtige Entwickelungszeit zwischen seinem 14. und 20. Jahre uns freisteht, jede beliebige Möglichkeit der Weiterbildung zuzulassen. Ein Geist wie Shakespeares hat nach zurückgelegten Schuljahren sicher nicht gerastet. Auch in Stratford hat es an Bildungsquellen nicht gefehlt: bei seinem Lehrer, beim Pfarrer wird es Bücher gegeben haben. Selbst die Schreibstube eines Rechtsgelehrten, in der Shakespeare tätig gewesen sei und seine Kenntnisse vom englischen Rechtsleben gewonnen habe, liegt nicht jenseits der Möglichkeit. Andrerseits wissen wir ja, daß Dichter sich alle jene Kenntnisse auf dem einfachsten Wege verschaffen können: durch Bücher und Umgang mit Menschen. Je menschlicher man Shakespeares Lebensgang betrachtet, desto weniger mythisch wird er.

Er selbst scheint sich keinen Kummer um sein geringes Latein gemacht zu haben. An Anekdoten über allerlei Reibereien zwischen ihm und dem festen Lateiner Ben Jonson fehlt es nicht. Die Lacher hatte jedenfalls Shakespeare dabei auf seiner Seite. Ein Sir Nicolas L'Estrange schrieb um 1650 folgendes reizende Anekdötchen aus mündlicher Überlieferung nieder, das nicht erfunden, sondern echt Shakespearisch klingt: „Der Dichter stand Pate bei einem von Ben Jonsons Kindern und versank nach der Taufe in tiefes Sinnen. Jonson kam, um ihn aufzuheitern, und frug ihn, warum er so melancholisch sei? Ich bin's wirklich nicht, Ben, sagte Shakespeare, aber ich sinne schon lange nach, was ich wohl meinem Patenkinde für ein recht passendes Geschenk machen soll, und endlich bin ich mit mir einig geworden: ich will ihm ein Dutzend guter lateinischer Löffel schenken, und du sollst sie übersetzen!"

Bei der Benutzung seiner Quellen verfuhr Shakespeare mit der schrankenlosen Freiheit aller großen Dichter. Er hat Jedwedes als sein gutes Recht und Eigentum betrachtet, wie Goethe, wie Molière, und hat „sein Gut genommen, wo er es fand". Alle dramatischen Dichter der Vergangenheit haben auf vorhandenen Stoffen gebaut. Indessen gerade für den Kenner feiner Quellen gewinnt das Wort: Shakespeare habe alles, was seine Hand berührte, zu Golde gemacht, erst seine wahre Bedeutung, Man braucht nur die Stoffe feiner Geschichtsdramen oder vom „Lear" und „Cymbeline" bei Holinshed nachzulesen, um den Künstler in Shakespeare zu bewundern. Oder man denke an das erwähnte Beispiel in „Maß für Maß" (S. 46). Oder man vergleiche die dürftigen Angaben in einer Reisebeschreibung, aus der sein „Sturm" entstanden. Oder man lese die zwei trockenen Zeilen bei

Plutarch, aus denen die gewaltige Rede des Antonius an der entblößten Leiche Cäsars geworden. Oder man messe ein Sonnett Sidneys mit dem dadurch angeregten Hymnus auf die Heiligkeit des Schlafs im „Macbeth". So könnte man schier endlos fortfahren.

Shakespeare hat offenbar entweder ein außergewöhnliches Gedächtnis besessen oder er hat sich Aufzeichnungen beim Lesen gemacht. Fand er in irgendeinem neuen Buch einen Stoff, so packte er meist nur den dramatischen Kern, für den er Falkenaugen hatte; sogleich aber schossen wie um den Kern eines Kristalls alle Erinnerungen aus Leben und Büchern zusammen und vervollständigten das Entlehnte. Alles Unnütze, weil Undramatische, ließ er dabei zu Boden fallen. In seiner Quelle zu „Romeo und Julia" findet er die trockene Geschichte der unglücklichen Liebenden mit der dranhängenden erbaulichen Moral von den Gefahren unerlaubter Leidenschaft. Shakespeare entnimmt ihr das Reinmenschliche und formt daraus das schönste Drama der Liebe zwischen einem Weibe und einem Manne. Oder er findet die traurige Geschichte der Desdemona in seiner Quelle; was er aber nicht darin findet, das sind die Worte der Sterbenden, in denen sie zum ersten Mal im Leben eine Lüge sagt, um des geliebten Mörders Schuld auf sich zu nehmen, — die herrlichste Stelle im ganzen „Othello".

7. Die Zeitgenossen über Shakespeare, und das Schicksal seiner Werke in England.

Über keinen großen englischen Dichter des 16. Jahrhunderts besitzen wir eine solche Fülle zeitgenössischer, aus persönlicher Kenntnis fließender Zeugnisse, wie über Shakespeare. Er war schon bei Lebzeiten der Mittelpunkt der Schriftstelleiwelt, und wenn wir nicht noch genauer über alle Einzelheiten seines Wirkens unterrichtet sind, so hat das die allernatürlichsten Ursachen. Weit mehr, als uns so reichlich über ihn in Druckschriften der verschiedensten Art berichtet wird, ist verloren gegangen. Den Hauptgrund aber, warum uns nicht eine Literatur über Shakespeare etwa nach dem Muster der über Goethe überkommen ist, liegt in der Schöpferkraft des 16. Jahrhunderts. Es war die Zeit der Dichter, nicht der Philologen. Jene Menschen hatten Anderes und Besseres zu tun, als über einen Dichter und über seine Werke zu schreiben.

Um so beweiskräftiger für die beherrschende Stellung Shakespeares im Kreise der damaligen Literaturwelt sind die hunderte von geretteten Stimmen über ihn, und zwar überwiegend von Solchen, die den Menschen Shakespeare von Angesicht gesehen und seine dichterische Tätigkeit genau kannten. Das dringend zum Studium empfohlene, mehrfach erwähnte Sammelwerk A century of praise verfolgt Jahr für Jahr Shakespeares Laufbahn mit seinen Begleitstimmen: jenes und Furnivalls „300 fresh allusions" geben zusammen die für die Zeit von 1591—1616 erwähnten 255 Zeitstimmen über Shakespeare. Für eine „mythische" Persönlichkeit, für den „unbekannten Schauspieler" ist das etwas viel. — Nachstehend einige der wertvollsten.

Den Reigen eröffnen 1591 Spensers Verse auf den Dichter,
Whose Muse, full of high thoughts' invention,
Doth like himself heroically sound.

Bald darauf (1592) folgt Robert Greenes neidgrüne und gleich Bileam wider Willen preisende Stelle in seiner nur hierdurch berühmten Warnungsschrift an Marlowe, Nash, Peele vor dem „emporkommenden einzigen Bühnenerschütterer". Hierauf Shakespeares Verteidigung durch Chettle (1592). — Noch im selben Jahr erwähnt Nash schwungvoll „Heinrich VI., 1. Teil".

Mit unverhülltem Namen erwähnt wird Shakespeare zum ersten Male 1594 wegen seiner „Lucrezia". Andere Erwähnungen aus demselben Jahr gibt es vier, darunter eine von dem Dichter Drayton.

1595 heißt es schon „sweet Shakespeare" wegen „Lucrezia". — Ein John Weever dichtet ein Loblied „ad Guilielmum Shakespeare", nennt ihn

„honigzüngig" und erwähnt außer den zwei erzählenden Dichtungen zum ersten Male „Romeo und Julia" und „Richard III."

„Der Kaufmann von Venedig" wird in einem Gedicht von 1596 genannt; im nämlichen Jahr wird Shakespeare mit Catull verglichen.

Dann folgt die lange Abhandlung von Francis Meres (1598), worin die englischen Dichter den Alten gleichgestellt werden; an 8 verschiedenen Stellen wird Shakespeare verglichen mit den größten griechischen Dichtern (Homer, Äschylos, Sophokles, Aristophanes, Pindar u. s. w.), mit Ovid, Plautus, wobei seine Sprache als musterhaft fürs Englische gerühmt wird; ferner mit Horaz, Anakreon. Außerdem wird er von Meres unter die besten englischen Dichter von Tragödien, Komödien, und unter die größten Sänger der Liebe gezahlt. Meres nennt schon 12 Dramen Shakespeares. — Ein Richard Barnefielo singt von Shakespeare:

Whose Venus, and whose Lucrece (sweet and chaste)
Thy name in Fame´s immortal book plac't.

Ein Gabriel Harvey erwähnt 1598 „Hamlet". Ben Jonson spricht 1599 von John Falstaff; 1600 wird von andrer Seite der Friedensrichter Shallow genannt; 1601 ist vom „Cäsar" die Rede.

Um diese Zeit (1599) ist Shakespeares Ansehen schon so hoch gestiegen, daß ein schlauer

Buchhändler ein fremdes Gedicht The passionate Pilgrim dadurch anzupreisen sucht, daß er zwei echte Sonnette Shakespeares hinzufügt und das Ganze unter dessen Namen ankündigt. Die berühmte Flagge sollte die schlechte Ware decken.

1601 erzählt ein John Manningham in seinem Tagebuch das Geschichtchen von Shakespeare und Burbage (vgl. S. 41).

Um 1602 schreibt ein Anonymus (er läßt den berühmten Komiker Kemft sprechen): „Hier ist unser Kollege Shakespeare, der sie (die akademischen Dramatiker, die „university pens"!) alle zu Boden streckt und Ben Jonson obendrein."

1603 führt William Camden unter den besten englischen Dichtern der Neuzeit auch Shakespeare auf.

So geht es von Jahr zu Jahr weiter, bis 1610 ein Edmund Bolton unter den besten Mustern zur Erlernung eines guten Englisch Shakespeare nennt. — 1612 rühmt der bedeutende Dramatiker John Webster Shakespeares „so glückliche und reichhaltige Tätigkeit".

1616 stirbt Shakespeare, und auf der Gedenktafel unter seiner Büste in der Stratforder Kirche werden die Worte eingegraben:

Within this monument Shakespeare lies, with whom
Quick Nature died.

1623 erscheint die erste Folio; vornan steht Ben Jonson schönes Huldigungslied:

„To the memory of my beloved, the Author, Mr. William Shakespeare, and what he hath left us":

Nicht, daß dein Name uns erwecke Neid,
Mein Shakespeare, preis' ich deine Herrlichkeit,
Denn wie man dich auch rühmen mag und preisen:
Zu hohen Ruhm kann keiner dir erweisen!
Das ist so wahr, wie alle Welt es spricht.
Doch mit der großen Menge geh' ich nicht,
Die, dumm und urteilslos, im besten Fall
Nichts beut als andrer Stimmen Wiederhall;
Auch nicht mit blinder Liebe, die nur tappt
Im Dunkeln und die Wahrheit gern verkappt;
Auch nicht mit Heuchlern, die nur scheinbar loben
Und heimlich gerne stürzten, was erhoben.
Allein du stehst so hoch, daß dir nicht Not
Das Schmeicheln tut, dich Bosheit nicht bedroht.
Du, Seele unsrer Zeit, kamst sie zu schmücken
Als unsrer Bühne Wunder und Entzücken!

Steh auf, mein Shakespeare! Ich will dich nicht sehn
Bei Chaucers oder Spensers Gruft, nicht flehn
Zu Beaumont, daß er trete Raum dir ab;
Du bist ein Monument auch ohne Grab
Und lebst, solange deine Werke leben,
Und unser Geist, dir Lob und Preis zu geben. —
Drum halt' ich dich getrennt von diesen Meistern,
Wohl großen, aber dir nicht gleichen Geistern;
Könnt' ich im Urteil deinen Wert erreichen,
Würd' ich mit andern Dichtern dich vergleichen,

Und zeigen, wie du Lyly oder Kyd
Weit überholst, selbst Marlowes mächtigen Schritt.
Und wußtest du auch wenig nur Latein,
Noch weniger Griechisch, war doch Größe dein,
Davor sich selbst der donnernde Äschylus,

Euripides, Sophokles beugen muß,
Gleichwie Pacuvius, Accius, Seneca.
O wären sie, dich zu bewundern, da! —
Voll Stolz war Rom, voll Übermut Athen, —
Sie haben deines Gleichen nicht gesehn!
Triumph, Britannien, du nennst ihn dein eigen,
Dem sich Europas Bühnen alle neigen,
Nicht nur für unsre Zeit lebt er, — für immer! —

Doch darf ich der Natur nicht alles geben,
Auch deine Kunst, Shakespeare, muß ich erheben;
Denn ist auch Stoff des Dichters die Natur,
Wird Stoff zum Kunstwerk durch die Form doch nur. —
Und wer will schaffen lebensvolle Zeilen,
Wie du, der muß viel schmieden, hämmern, feilen,
Muß an der Musen Amboß stehn, wie du,
Die Formen bildend und sich selbst dazu.
Vielleicht bleibt doch der Lorber ihm verloren;
Ein Dichter wird gebildet wie geboren.
Du bist's!
O sähn wir dich aufs Neue, süßer Schwan
Vom Avon, ziehn auf deiner stolzen Bahn!
Sähn wir, der so Elisabeth erfreute

Und Jakob, deinen hohen Flug noch heute
Am Themsestrand! Doch nein, du wardst erhoben
Zum Himmel schon und strahlst als Steinbild oben.
Strahl' fort, du Stern der Dichter, strahl' hernieder!
Erhebe die gesunkene Bühne wieder,
Die trauernd wie die Nacht barg' ihr Gesicht,
Blieb' ihr nicht deiner Werke ew'ges Licht.

(Deutsch von Bodenstedt)

Die herzlichen Worte der Herausgeber der ersten Folio auf ihren Dichter wurden schon erwähnt (S. 46), ebenso die selbst Ben Jonson an richtiger Würdigung der Größe Shakespeares noch übertreffenden Verse vor der zweiten Folio (1632), die vielleicht von Milton herrühren (S. 83). Sicher von diesem sind aber die andern Verse in derselben Folio, die eisten unter Miltons Namen bekannten:

What needs my Shakespeare for his honour'd bones
The labour of an age, in piled stones,
Or that his hallow'd reliques should be hid
Under a star-ypointing pyramid?
Dear son of Memory, great heir of Fame,
Whar needst thou such dull witness of thy name?
Thou in our wonder and astonishment
Hast built thyself a lasting monument.

Ein landläufiger Irrtum ist der, Shakespeare sei in England mehr als ein Jahrhundert in Vergessenheit versunken gewesen und erst durch Deutschlands Begeisterung für ihn zu neuem Leben erwacht. Zweifellos hat die schwungvolle Beschäftigung unserer großen Dichter im 18. Jahrhundert mit Shakespeare auch auf England zurückgewirkt; doch war um die Zeit der Goetheschen Schwärmerei für seinen großen Vorgänger England schon in voller Arbeit bei dessen Erforschung, und auch auf der Londoner Bühne feierte gerade damals Shakespeare durch Garricks Darstellungskunst seine Wiederauferstehung als lebendigwirkender Dramatiker.

Die persönliche Erinnerung an Shakespeare blieb durch das ganze 17. Jahrhundert frisch, besonders in den der Bühne nahestehenden Kreisen. Daß seine volle Größe nicht sogleich richtig geschätzt wurde, braucht uns nicht zu verwundern: in viel helleren Zeiten ist es Lessing, Goethe und Schiller kaum anders ergangen. Gerade die übermäßige Bewunderung des Geschlechts der Renaissancezeit für das Altertum ließ den Gedanken nicht aufkommen, irgendein Lebender könne so groß sein wie die Alten. Ben Jonsons und Andrer Vergleichungen Shakespeares mit den klassischen Dichtern waren noch mehr Veredsamkeitsblumen als ernstgemeinte Überzeugungen. Wie ungemein beliebt aber Shakespeare schon im ersten Drittel des 17. Jahrhunderts beim besten englischen Publikum gewesen sein muß, geht aus dem Absatz der sehr teuren ersten Folio in nur 9 Jahren hervor.

Durch die puritanische Verfinsterung und die Schließung aller Theater trat ein Bruch in der stetigen Entwicklung der dramatischen Dichtung ein. Kaum aber wurden die Theater nach Karls II. Einzüge in London (1660) eröffnet, als auch Shakespeares Dramen wieder über die Bühnen gingen.

Erst die Geschmacksveränderung, die durch französische Einflüsse über England kam, ließ Shakespeare für einige Zeit in den Hintergrund treten. Zu Drydens Zeiten, gegen das Ende des 17. Jahrhunderts, versuchte man es mit Umarbeitungen Shakespeares nach dem neuen Geschmack, doch hielten sich diese Zwitterwesen von Dramen nur durch den nunmehr einreißenden Bühnenpruuk.

Mit Rowes erster Lebensbeschreibung Shakespeares in seiner kritischen Ausgabe der Werke von 1709 beginnt die neue Zeit in der Geschichte des Dichters. Es folgten die Ausgaben von Pope, Theobald, Warburton, Dr. Johnson; die Triumphe Garricks (zuerst 1741) als Darstellers Shakespearescher Gestalten; das von ihm veranstaltete erste Jubiläumfest in Stratford (1769). Gegen das Ende des vorigen Jahrhunderts eroberten Künstler wie Kemble, Kenn, Sarah Siddons aufs neue für Shakespeare die englischen Bühnen, von denen er nie wieder verschwunden ist, wenngleich die Zahl der Shakespeare-Aufführungen in

England jährlich nicht annähernd die Höhe wie in Deutschland erreicht. Gegenwärtig gilt Irving für den größten englischen Shakespeare-Darsteller.

Die wissenschaftliche Erforschung seiner Werke in England ist der deutschen zeitlich natürlich vorausgegangen, und alle besonnenen deutschen Shakespeare-Gelehrten geben willig zu, daß die englischen Forscher ihnen zum mindesten ebenbürtig sind, wenn auch die Arbeiten von Männern wie Delius uud Elze in England mit geziemender Achtung behandelt werden.

Verdunkelt wird die Ehrengeschichte der englischen Shakespeare-Forschung durch zwei Fälschungen großen Stils: durch Irland zu Ende des vorigen Jahrhunderts und durch den im übrigen um Shakespeare und die Geschichte des englischen Dramas verdienten I. P. Collier (1852).

Den Mittelpunkt der heutigen englischen Shakespeare-Forschung bildet die von F. I. Furnivall (geb. 1825) begründete New Shakespeare Society, die seit 1873 besteht und eine große Anzahl vortrefflicher Arbeiten über Shakespeare und die ältere englische Literatur veröffentlicht hat.

8. Shakespeare in Deutschland und Frankreich.

Shakespeare ist für Deutschland mehr als ein national-englischer Dichter; wir nehmen ein großes Stück von ihm für uns in Anspruch, wie wir ihm ein großes Stück unserer besten geistigen Kraft geopfert haben. Deutschland hat seine Shakespeare-Gesellschaft so gut, oder besser, als England; es hatte seine Shakespeare-Feier im Jahre 1864, die an innerem Schwung die englische Jubelfeier überbot, weil das Theater bei uns eine größere geistige Macht übt als in England. Deutschland hat sogar etwas, dessen England noch ermangelt: das ausgezeichnete Shakespeare-Jahrbuch, dessen 32 Bände eine ganze Bibliothek über den Dichter darstellen. Die Herausgeber waren nach einander Friedrich Bodenstedt, Karl Elze, F. A. Leo.

Für die genaue Kenntnis der Geschichte Shakespeares in Deutschland sei auf R. Genses „Geschichte der Shakespeareschen Dramen in Deutschland" und auf Albert Cohns „Shakiespeare in Germany in the 16th and 17th centuries" verwiesen. Danach lassen sich früheste Spuren von Aufführungen Shakespearescher Stücke schon im Anfang des 17. Jahrhunderts für Nürnberg und einige andere Städte nachweisen. Die „Englischen Komödianten", eine oder mehrere Gesellschaften Londoner Schauspieler, durchzogen komödiespielend ganz Deutschland. Die Anwesenheit englischer Schauspieler an deutschen Fürstenhöfen, so namentlich an dem des dichterischen Herzogs Heinrich Julius von Braunschweig, wird schon aus dem Ende des 16. Jahrhunderts bestätigt.

1611 wurde in Halle „eine teutsche Comödie ‚Der Jud von Venedig' aus dem Engländischen" aufgeführt; trotz dem Titel ist nicht ganz sicher, ob Shakespeares „Kaufmann von Venedig" oder Marlowes „Jude von Malta" zn Grunde gelegen. — In einem Buch „Englische Comedien und Tragedien" (1620) findet sich ein Stück „Titus Andronitus" mit Anlehnung an das Drama Shakespeares gleichen Titels. — 1626 haben die „englischen Komödianten" am kurfürstlichen Hofe zu Dresden u. a. aufgeführt: „Tragödia von Romeo und Julietta", „Tragödia von Julio Cesare", „Tragödia von Hamlet einem Printzen in Dennemark", „Comödia von Josepho Juden von Venedigk", „Tragödia von Lear König in Engelandt". Es erfüllt einen Deutschen mit stolzer Rührung, wenn er bedenkt, wie früh schon, drei Jahre nach des Dichters Tode! so viele seiner größten Stücke auf deutschem Boden heimisch zu werden begannen. — 1663 erschien von Andreas Gryphius, nach der Handwerkerkomödie im „Sommernachtstraum": „Absurda Comica. Oder Herr Peter Squentz. Schimpfs-Spiel". Obgleich augenscheinlich nach Shakespeare gearbeitet, scheint dennoch Gryphius dessen Drama nicht gekannt, sondern aus einer andern Quelle, einer früheren Bearbeitung des englischen Stückes, geschöpft zu haben. — 1672 erschien die erste überseherische Bearbeitung eines Shakespeare-Dramas: „Kunst über alle Künste, ein bös Weib gut machen" (nach der „Zähmung einer Widerspänstigen"), wahrscheinlich nach einer englischen Verarbeitung des echten Stückes.

Zum ersten Male in Deutschland mit Namen genannt wurde Shakespeare durch den Literaturhistoriker Morhof (1682); darauf erwähnte der Hamburger Schriftsteller Richey (1678—1761) zum ersten Mal ein Stück Shakespeares mit dessen Namen. — In Jöchers „Gelehrten-Lexikon" wurde Shakespeare 1733 in folgender Weise abgewandelt: „Shakespeare, Wilhelm, ein englischer Dramaticus, ward schlecht aufgezogen und verstund kein Latein, jedoch brachte er es in der Poesie sehr hoch. Er hatte ein schertzhafftes Gemüthe, konnte aber doch sehr ernsthafft seyn, und exzellierte in Tragödien", Dort sehen wir schon die dumme Sage vom ungebildeten, lateinlosen Shakespeare im Keim. — Der Schweizer Bodmer nannte ihn 1740, aber bei ihm hieß er „Sasper", möglicherweise ein Verdeutschungsversuch, wie Bodmer deren mehre gemacht.

Der erste Versuch einer wortgetreuen deutschen Übersetzung nach dem Original ist die des „Julius Cäsar" von dem Preußischen Gesandten in London C. W. von Borck, gestorben (1747) als preußischer Staats-minister. Trotz den Alexandrinern ist sie gar nicht übel. — 1741 eiferte Gottsched gegen diese Übersehung und zugleich gegen Shakespeare im allgemeinen; natürlich, was konnte Shakespeare für Gottsched sein, dem das klassische Theater der Franzosen der Gipfel der Poesie dünkte.

Der erste flammende Blitzstrahl, der Shakespeares Größe für Deutschland beleuchtete, wurde von Lessing geschleudert: im 17. seiner „Berliner Litteraturbriefe" (16. Februar 1759) steht seine grundlegende Ansicht über die Bedeutung Shakespeares. Nach ihm fiel Stimme auf Stimme unserer Großen in den Jubelchor ein; für Herder, Goethe, Schiller wurde die Bekanntschaft mit Shakespeares Werken zur lenkenden Schicksalshand. Außer der Erinnerung Goethes (S. 75) haben wir über jene erste Einwirkung Shakespeares sein schwärmerisches Gedicht noch aus später Zeit (1820):

    Einer Einzigen angehören,
    Einen Einzigen verehren,
    Wie vereint es Herz und Sinn!
    Lida, Glück der nächsten Nähe,
    William, Stern der schönsten Höhe!

    Euch verdank' ich, was ich bin.
    Tag' und Jahre sind verschwunden,
    Und doch ruht auf jenen Stunden
    Meines Wertes Vollgewinn.

Shakespeares Einfluß auf unsere größte Dichtungszeit gehört in eine Geschichte der deutschen Literatur. Darüber, daß kein andrer Shakespeares Einwirkung an Stärke und Tiefe erreicht hat, waren unsere großen Dichter selbst einig. Auch Wieland konnte sich trotz seinen Neigungen für französische Dichtkunst der Herrschaft Shakespeares nicht entziehen. Ihm verdanken wir sogar die erste deutsche Shakespeare-Übersetzung, 22 Stücke, von 1762—1766, die nachher Eschenburg vervollständigte (1775—1782). Von Wieland wurde auch die erste Darstellung eines echten Shakespeare-Dramas in Deutschland veranstaltet: in der alten ehemals freien Reichsstadt Biberach ließ er 1761 den „Sturm" aufführen. — In Wien wurde 1776 ein verzerrter „Hamlet" gespielt; noch im selben Jahre am 20. März brachte Schröder den richtigen auf die Hamburger Bühne, auf der bis 1779 folgten: Othello. Kaufmann von Venedig, Maß für Maß, Lear, Macbeth. Damit war Shakespeare dauernd für das deutsche Theater erobert, von dem er Besitz ergriffen wie kein fremder Dichter, ja wie kaum ein eigener. Auf 146 Bühnen deutscher Sprache wurden im Jahre 1895 nicht weniger als 27 verschiedene Dramen Shakespeares in 774 Vorstellungen aufgeführt.

Zu einem in Deutschland heimischen Dichter wurde er vornehmlich durch die Schlegel-Baudissinsche Übersetzung. So nämlich sollte sie heißen, nicht anders, denn Tieck hat kein einziges Stück übersetzt, sondern nur eine letzte Durchsicht der Arbeit vorgenommen. A. W. Schlegel begann 1796 die Veröffentlichung seiner Übersetzungen in Schillers „Horen"; im ganzen rühren 17 Stücke von ihm her. Graf Wulf Baudissin mit 13 und Dorothea Tieck, des Herausgebers Tochter, mit 6 Stücken haben das Werk vervollständigt, das großartigste deutscher Übersetzungskunst. 1833 lag es abgeschlossen vor. Spätere Verdeutschungen Shakespeares stehen auf S. 91 erwähnt. Von der Schlegel-Baudissinschen Übersetzung hat die deutsche Shakespeare-Gesellschaft eine Volksausgabe zu so billigem Preise veranstaltet, daß man sie als die wirksamste Tat jener verdienstvollen Vereinigung bezeichnen muß.

In Frankreich ist Shakespeare früher als in Deutschland bekannt geworden[1]: durch Voltaire schon 1735, der in seinem Drama La mort de César die erste französische Umarbeitung eines Shakespeare-Stückes gab. Auf seinen Einfluß ist wahrscheinlich Lessings Bekanntwerden mit Shakespeare zurückzuführen. Im 18. Jahrhundert blieb für Frankreichs literarische Entwicklung Shakespeare ohne die geringste Bedeutung. Eine schon 1746 von einem gewissen Delaplace in 4

---

[1] Vgl. hierzu: E. Engel: Geschichte der französischen Litteratur, 4. Auflage, S. 341-347

Bänden eines Théâtre Anglais veranstaltete Übersetzung von 10 Dramen Shakespeares wurde kaum beachtet. — Es folgte die Bearbeitung, oder Verballhornung, durch J. F. Ducis (1733—1816), der sich durch seine Stücke frei nach Shakespeare arg an dem Dichter versündigt, aber immerhin die Franzosen mit einigen seiner bedeutendsten Menschengestalten vertraut gemacht hat. — Diderot muß als der erste unter den führenden Geistern Frankreichs genannt werden, der Shakespeares Größe gerecht wurde: „Dieser Shakespeare, den ich weder mit dem Apoll vom Belveder, noch mit dem Gladiator, noch mit dem Antinous vergleichen will, sondern mit dem Standbild des Heiligen Christophs in der Notre Dame zu Paris, zwischen dessen Beinen wir allesamt durchlaufen können, ohne daß unser Haupt auch nur an seine Lenden stieße."

Neben ihm wirkte L. S. Mercier (1740—1814) durch sein vortreffliches Büchlein „Du théâtre, ou nouvel essai sur l'art dramatique" (1773), das Beste, was im vorigen Jahrhundert über Shakespeare geschrieben worden, ein nicht übles Seitenstück zu Lessings verwandten Schriften. — Bald darauf (zuerst 1776) erschien Frankreichs erste vollständige Shakespeare-Übersetzung von Pierre Letourneur. Man darf sie nicht mit dem Maßstabe unserer Schlegel-Baudissin Übersetzung messen; sie war aber nach dem damaligen Stande französischen

Shakespeare-Verständnisses aller Ehren wert. Gegen diese Übersetzung und überhaupt gegen das Eindringen Shakespeares in Frankreich führte Voltaire, der ihm doch selbst zuerst die Bahn gebrochen, am Abend seines Lebens einen wütenden Krieg, besonders durch seinen niederträchtigen, von Beschimpfungen Shakespeares strotzenden „Discours á l'Académie" (1776). Es half ihm nichts: auch in Frankreich fand Shakespeare in seinem Siegeslauf kein ernstliches Hindernis mehr.

Über den bestimmenden Einfluß des Shakespeare' Dramas auf den Romantismus, besonders auf Victor Hugo, gibt die Geschichte der französischen Literatur Aufschluß; weitere Übersetzungen und Erforschungen Shakespeares stehen auf S. 154.

9. Rätselfragen über Shakespeare.

Wie kam es, daß in unserm Jahrhundert der Aberglaube so festwurzeln und immer mächtiger anwachsen konnte: über Shakespeare herrscht tiefes Dunkel —? Aus zu großer Unwissenheit und aus übergroßem Wissen! Aus der Unwissenheit über die literarischen Verhältnisse zu Shakespeares Zeit; aus der Wissensfülle über moderne große Dichter. Weil z. B. die Wissenschaft von Goethes Leben und Wirken so angeschwollen, daß man fast Tag für Tag, oft Stunde für Stunde ihn auf seinen Wegen durchs Leben begleiten kann, verlangt man vom 16. Jahrhundert Ähnliches und ist enttäuscht, wenn man sich auf die Zahlen und Tatsachen beschränkt sieht, die „Shakespeares Leben und Werke" heißen. Statt sich zu wundern über die urkundliche Genauigkeit aller wichtigsten Ereignisse in Shakespeares Leben, der gegenüber alle andern großen und kleinen Dramatiker, vielleicht Ben Jonson ausgenommen, im tiefsten Dunkel dastehen, spricht man von Shakespeare wie von einem Mythus und verbreitet das Märchen, jener Alle überragende Dichter sei unbeachtet durchs Leben gegangen.

Im 16. und 17. Jahrhundert bestand in England ein sehr geringes Interesse an der Aufzeichnung des Lebens von Schriftstellern. Über keinen Einzigen der Dichter um Shakespeare ist uns etwas Derartiges überliefert, auch nicht über Ben Jonson. Die Dichter selbst schrieben keine Tagebücher, und da sie alle in dem kleinen London von knapp 200000 Menschen wohnten, so schrieben sie auch wenig Briefe. Die große literarische Betätigung der Persönlichkeiten außerhalb der eigentlich schöpferischen, jene Betriebsamkeit in Denkwürdigkeiten, Briefen, Zeitschriften, die heute das Entzücken der Goethe-Forscher ausmacht, vollzog sich zu Shakespeares Zeiten mündlich. Ein Briefwechsel wie der Schiller-Goethesche war zwischen Shakespeare und Ben Jonson oder sonst einem Freunde überflüssig: sie trafen sich in der berühmten Geniekneipe „Zur Sirene" (The Mermaid), und dort wurde alles im Gespräch abgetan, was zum ewigen Kummer für die Schnitzelkräusler der Menschheit unaufgezeichnet blieb. Ein jüngerer dramatischer Augenzeuge Francis Beaumont schildert die vergangene Herrlichkeit in der „Sirene" in den Versen an Ben Jonson:

What things we have seen
Done at the ‚Mermaid'! Hard words that have been
So nimble and so full of subtile flame,
As if that every one from whence they came
Had meant to put his whole life in a jest,
And had resolved to live a fool the rest
Of his dull life!

Nein, das 16. Jahrhundert war ein schöpferisches, aber kein tintenklecksendes, und eine Literatur wie die über Goethe wird über Shakespeare allzeit unmöglich bleiben. Dieser wundervolle Mensch ist darin auch nach seinem Tode noch der Liebling des Himmels geblieben. Nie werden die Freunde von Getratsche über Shakespeare erfahren, was für viele Goethe-Professoren einen Lebensberuf und Nahrungszweig abgibt: die Gründe der Trennung von dieser Geliebten, der Anknüpfung mit jener, den Grad und die Grenzen der verschiedenen Liebschaften u. s. w. Dies alles ist ja gar nicht Literaturforschung, sondern Basenklatsch, und der Umstand, daß Professoren dafür und davon leben, macht aus Klatsch keine Wissenschaft. Die Schnüffler, die in die schamhaftesten Seelengeheimnisse unserer großen Dichter unbeschämt eindringen und ihr Leben „durchforschen", wie sie das nennen, — vor Shakespeare müssen sie in ihrer wenig sauberen Hantierung innehalten.

Das „Rätsel" der Dichterbefähigung Shakespeares durch seine Wissensbildung ist für den Leser der vorigen Blätter gewiß keines. Sein Wissen war ungefähr das aller großen Dichter, und es bedurfte keines Universalgelehrten, um seine Dramen zu schreiben, sondern eines Dichtergeistes. Woher dieser stammt, wird ein Rätsel bleiben, wie die ganze Welt des Genius ein Rätsel bleibt für den Nichtgenius. Die Wissenschaft mag noch so oft ihren „höchsten Gipfel" erklimmen, — nie wird sie auch nur einen Saum des Schleiers heben von jenem Teil der Erdenwelt, der an das Überirdische grenzt und Genius oder Künstler heißt. Welche Rätsel aber, außer diesem einem unenträtselbaren, gibt uns Shakespeare auf, wenn wir richtig vorbereitet uns ihm nahen? Soweit sie überhaupt eine Untersuchung wert sind, keines! Seine Sorglosigkeit gegenüber den Handschriften seiner Werke? Diese, hatte er längst an sein Theater verkauft und ein Recht daran besaß er nicht mehr. Warum er sie nicht im Testament erwähnt hat? In welcher Form sollte er etwas erwähnen, was ihm nicht gehörte! Sein Testament spricht nur von Besitzwerten; seine Dramen waren keine. Warum hat er nicht ihre spätere Buchausgabe angeordnet? Weil er es ohne Erlaubnis der Besitzer des Globe-Theaters nicht durfte und weil er der erste Engländer gewesen wäre, der etwas Derartiges unternommen hätte. Warum er nicht wenigstens im Testament von seinen Werken gesprochen? Zu wem sollte er davon sprechen, und wie? Zu seiner Frau und seinen zwei Töchtern, die allesamt nicht lesen konnten? Zu seinen Angehörigen, die dem Puritanismus verfallen waren und Theater und Theaterstücke für Satanswerk hielten? Zu seinen Töchtern, deren klügste nachmals die Handschriften ihres Gatten, des Arztes Hall, an den ersten besten Trödler als altes Papier verkaufte, ohne zu wissen, was darin stand?

Aber wo sind denn seine Handschriften geblieben? — Suchet in der Asche des Globe-Theaters von 1613, in den Trümmern des Londoner Brandes von 1666! Und dann die Gegenfrage: Wo sind die Handschriften Spensers, Marlowes. Lylys, Sidneys. ja selbst Ben Jonsons geblieben? Wo ist die Handschrift des „Verlorenen Paradieses" von Milton?

Was wissen wir denn eigentlich von Shakespeare nicht? Ob und welche Bücher er in Stratford vor 1583 und nach 1612 besessen hat. Ob er mit seiner Frau gut oder weniger gut gelebt hat. Ob er sehr traurig über den Tod seines Vaters, seiner Mutter, seines Söhnchens gewesen. Ob seine Frau, als er ihr auch das zweitbeste Bett samt allem Hausrat vererbte, schon das beste Bett besessen hat. Ob er 1585, 1586 oder 1587 nach London gegangen. — Aber wenn wir das alles wüßten, was in aller Welt sagte es uns denn über das Einzige, was uns Shakespeare so unendlich wert macht: über seine Werke? Nur weil wir in diesem Gottlob zu Ende gehenden Jahrhundert alexandrinischer Literaturschnüffelei, die sich Wissenschaft nennt, verlernt haben, in Kunstwerken zuerst und zuletzt Kunst zu genießen, darum genügt uns das so wunderbar reiche Wissen über Shakespeare nicht, das ein gnädiges Geschick uns gelassen hat.

— Eines mag man zu wissen begehren, weil

es uns in Shakespeares Seele hinein freuen würde, könnte man die Frage bejahen: hat er das volle Selbstbewußtsein seiner Dichtelgröße besessen, solch eines, wie Goethe es am Abend seines Lebens fühlte? Alles drängt uns dazu, es zu glauben, obgleich das Wichtigste dazu, der laute, weite Wiederhall in einer ganzen bewundernden Nation Shakespeare fehlte, wie er allen Dichtern vor dem 18. und 19. Jahrhundert fehlte. Liest man aber Hamlets Gespräche mit den Schauspielern, so hört man, wie in diesem echten Dichterstück der Dichter zwischen den Zeilen mitspricht, und das eine Wort vom Stück, „das der Million mißfiel", vom „caviare tho the general" („Hamlet" II 2), sagt uns genug.

Diese Betrachtung aber der Rätselfragen soll nicht geschlossen werden ohne einen Fingerzeig auf neue Quellen, aus denen die Wissbegier über Shakespeare bei einigem Glück wohl noch Befriedigung erhoffen darf. Ist denn schon planmäßig in und außer England alles durchforscht, was vielleicht Aufschluß über Shakespeare geben könnte? Hat man schon die Archive aller großen englischen Adelshäuser auf Berichte aus Shakespeares Zeit sorgfältig untersucht? Das ist mit allen noch nicht geschehen. Hat man schon die Gesandtschaftsberichte der europäischen Staaten aus dem 16. und 17. Jahrhundert daraufhin gelesen? Das ist vollständig noch nicht geschehen, obgleich uns in einem zufällig entdeckten deutschen Gesandtschaftsbericht aus London die Zeitangabe der Aufführung eines Shakespeare-Dramas überliefert ist. — Endlich: warum hat bis jetzt noch Niemand der von K. Th. Gadertz in seinem so wertvollen Büchlein „Zur Kenntnis der altenglischen Bühne" angegebenen wichtigen Spur des holländischen reisenden Kunstschwärmers Johannes de Witt (1565—1622) nachgeforscht? Dessen gewiß nicht verlorene Tagebücher, wahrscheinlich irgendwo in Rom oder in Holland vergraben, würden uns über das englische Drama und die Dramatiker des 16. Jahrhunderts Aufschlüsse geben, gegen die alles bisher Bekannte erblassen müßte, ganz so wie die von Gadertz bei de Witt entdeckte Zeichnung des Innern eines Londoner Theaters uns endlich ein richtiges Bild der altenglischen Bühne gegeben hat.

10. Der Bacon-Wahn.

Der Verfasser dieses Buches hegt die feste Überzeugung, daß kein geistig gesunder Leser — und nur für solche hat er geschrieben — nach der Kenntnis des Vorangehenden auch nur einen Augenblick die Möglichkeit zuläßt: der Mann, den Dutzende von Zeitgenossen als William Shakespeare den Dichter seiner Dramen gekannt und uns überliefert haben, sei nichts gewesen als das gemeine Werkzeug des ungeheuerlichsten Betruges, der je in der Geschichte der Kunst erlebt worden. Und ebenso sicher darf von jedem geistig gesunden Leser der Dramen Shakespeares angenommen werden, daß er nicht den prosaischsten aller Prosaiker des 16. Jahrhunderts, Francis Bacon, für den Schöpfer der größten Meisterwerke der Dichtkunst halten wird. Auch wird Niemand, der da glaubt, daß Edles und Hohes nur von edelgesinnten und hoheitsvollen Menschen ausgehen könne, Shakespeares Dramen mit ihrer majestätischen Gerechtigkeit und Wahrheit einem der unedelsten und niedriggesinntesten Männer seiner Zeit zuschreiben, denn das ist Francis Bacon Lord Verulam. Viscount of St. Albans, nach dem Zeugnis der Urkunden und aller Geschichtsschreiber gewesen. Indessen der Bacon-Wahn hat dank der Riesenmacht des Unsinns und dank dem ungeheuren Schallboden, den heutzutage die Presse für jeden Unsinn wie für vieles Vernünftige bildet, eine Verbreitung gewonnen, daß er in diesem Buche nicht mit dem Schweigen des Ekels und der Verachtung übergangen werden darf.

Ein amerikanisches Mädchen Namens Delia Bacon schrieb 1856 ein Buch: „Die entschleierte Philosophie der Shakespeare-Dramen", worin sie, vielleicht mitveranlaßt durch den Gleichklang ihres eigenen Namens, den Versuch machte, die Verfasserschaft der Shakespeare-Dramen dem englischen Philosophen und Staatsmann Francis Bacon zuzuschreiben. Sie ist irrsinnig gestorben, nachdem sie in ihren letzten lichten Augenblicken ihren Wahnwitz bereut hatte. Ihr Beweis war genau derselbe, den nach ihr alle übrigen Baconisten, deren Irrsinn bisher amtlich noch nicht bescheinigt worden, für Bacons Verfasselschaft geführt haben: Shakespeares Werke zeigen viel Wissen und viel Weisheit, Bacon besaß viel Wissen und viel Weisheit, folglich kann nur er Shakespeares Werke geschrieben haben. Daß Shakespeare sie nicht geschrieben haben könne, folge ja daraus, daß er eines Wollhändlers oder Handschuhmachers Sohn gewesen, daß er keine Universitätsbildung genossen, daß er nach Ben Jonsons Zeugnis wenig Latein und weniger Griechisch verstanden, folglich — —.

Man stelle sich vor, wir wüßten von Goethes Leben nichts oder nur das, was wir von Shakespeare wissen, wir wären aber genau über Kant unterrichtet: was wäre für den Unverstand oder den Irrsinn natürlicher als die Annahme, Kant habe Goethes Werke geschrieben!

Den amerikanischen Vertretern des Humbugs, die der Delia Bacon gefolgt sind, soll hier nicht die Ehre ihrer Namennennung widerfahren, bis auf den Einen, der den Gipfel des Irrsinns erklommen hat: Donnelly, der in der ersten Folio eine Geheimschrift mit allen Angaben der Verfasserschaft Bacons entdeckt haben wollte. Dies ist selbst den Baconisten zu toll gewesen, und seitdem hat man von Donnelly nichts mehr vernommen. Seine Geheimschrift hat nur in seinem kranken Gehirn gestanden, in der Folio ist nichts davon zu finden.

Eine neue Steigerung, schon vor Donnelly, erlitt diese Geisteskrankheit durch eine Engländerin: eine Frau Pott. Sie veröffentlichte 1883 aus den Handschriften des Britischen Museums ein Bündel alter Papiere angeblich von Francis Bacon, unter dem Titel „Promus" (Sammelbuch), worin allerlei Aufzeichnungen Bacons enthalten sein sollten, als Grundlage für Shakespeares Dramen. Der Verfasser dieses Buches hat in seiner kleinen Schrift: „Hat Francis Bacon Shakespeares Dramen geschrieben?" gleich damals unwiderleglich und unwiderlegt nachgewiesen: daß von irgendeinem Zusammenhang zwischen dem Promus und Shakespeares Dramen nicht die Rede sein kann, daß vielmehr der vermeintlich Baconsche Promus das Schmierheft irgendeines Schülers aus dem 16. oder 17. Jahrhundert ist, in dem allerlei Sprichwörter und Redensarten wie „Guten Morgen! Guten Abend!" und ähnliche geistvolle Dinge gesammelt stehen. In einem Nachtrag wurde auf Grund der genauen Prüfung im Britischen Museum unumstößlich bewiesen: 1. daß der Promus von drei verschiedenen Personen geschrieben worden; 2. daß Barons echte Handschrift keiner der drei Schülerhandschriften des Promus ähnlich ist; 3. daß das nach der Angabe der Frau Pott im Promus stehende Wort romê, das Romeo bedeutet habe, also von Bacon als Denkwort für den Namen seines Helden aufgezeichnet sei, von der Frau Pott böswillig gefälscht worden, denn in klarer Schönschrift steht im Promus nicht romê, sondern vane, und zwar als letztes Wort eines Schülerspruchs: Puer, surge mane, sed noli surgere vane!

Seitdem ist der Baconismus in England tot. Da aber kein Unsinn vollständig ist, bevor er durch deutsche Philosophie, oder was sich dafür ausgibt, mit dein Scheine tiefgründiger Wissenschaft bekleidet in die Welt tritt, so hat der Baconismus seine Auferstehung erlebt durch einige deutsche Faselhänse, die es vermochten, die Ehrerbietung der Deutschen vor allem auszunutzen, was sie durchaus nicht verstehen, was sie aber gedruckt sehen, womöglich in recht dicken, recht teuren, mit recht vielen Anmerkungen versehenen und von sehr Wenigen gelesenen Büchern,

Die Mehrzahl der Anstifter und Nachbeter dieses Blödsinns setzt sich zusammen: aus gutgläubigen Irrsinnigen, die sich von den in Irrenhäusern aufbewahrten Kranken durch nichts anderes unterscheiden, als daß sie sich noch außerhalb befinden; ferner aus denkfaulen Unwissenden, die sich nicht die Mühe geben, die in reicher Fülle vorhandenen Quellenschriften über das 16. Jahrhundert in England zu studieren, sondern aus der Tiefe ihres Gemütes heraus sich die Literatur jener Zeit zurechtlegen; endlich aus urteilslosen Neuigkeitsgigerln und Snobs, die hinter jedem Unsinn, vorausgesetzt, daß er Aufsehen macht, ohne eigene Prüfung herlaufen und sich auf das Wort stützen: etwas muß doch daran sein.

Soweit sich aus diesem Hunderttausendnarrenchor überhaupt etwas wie ein Zusammenhang der Meinungen heraushören läßt, zumal da von den Obernarren Jeder seinen besonderen Sparren anpreist, so ergibt sich etwa Folgendes: zunächst die abgedroschene Schwatzerei von unserer gänzlichen Unwissenheit über Shakespeare und von seiner völligen Bildungslosigkeit. Darüber braucht hier nichts mehr gesagt zu werden. Ebensowenig über die ungeheure Gelehrsamkeit, die angeblich in Shakespeares Werken stecke und die nur von dem gelehrtesten Manne des Jahrhunderts, Bacon, herrühren könne Dann aber kommt das große Geheimnis: Francis Bacon habe seine Verfasserschaft der Dramen ängstlich verschweigen müssen, weil er sonst Leib und Leben gewagt hätte, auch viel zu vornehm und viel zu hoch im Staate gestellt gewesen sei, um sich zu Shakespeares Dramen zu bekennen. Dieser Wahnsinn hat Methode, aber die Methode ist Wahnsinn. Als Shakespeares Dramen zu erscheinen begannen, war Francis Bacon ein Niemand! Er bekam sein erstes Staatsamt erst 1603, als schon 24 Dramen Shakespeares gespielt worden, Lordkanzler wurde Bacon erst drei Jahre nach Shakespeares Tode! Wer war Bacon um 1598, als Francis Meres schon 12 Dramen Shakespeares erwähnte? Nicht einmal Ritter! — Eine Gefahr für Bacons Freiheit oder Leben konnte allenfalls 1601 entstehen, bei Gelegenheit der Essex-Verschwörung. Erstens aber hat Bacon sich durch die feigste Zweizüngigkeit noch rechtzeitig aus der Schlinge gezogen; und dann: warum sollte er sich nicht 1595 zu „Romeo und Julia" bekennen, weil 1601 Graf Essex eine Verschwörung gegen Elisabeth angestiftet hat?!

Dieselben kranken Menschen, die von einer Todesgefahr für Bacon faseln, falls seine Dramenverfasserschaft bekannt gewurden wäre, suchen nach jeder Stelle in Bacons Schriften oder Briefen, aus denen zwar gesunde Menschen genau das Gegenteil seiner Dichterschaft herauslesen, die Irrsinnigen aber den Beweis für Bacon den Dichter. Da hat im Jahre 1600 der bis dahin erfolglose Streber für die Königin bei ihrem Vesuch auf seinem Landgut ein Sonnett angefertigt, das Mindeste, was bei solcher Gelegenheit damals jeder Mensch von Bildung wenigstens versuchen mußte, — und er fügt in dem Brief darüber an einen Bekannten unzweideutig hinzu: „obgleich ich bekenne, kein Dichter zu sein." Der Irrsinn findet solche Stelle und erblickt darin den klarsten Beweis für Bacons Verfasserschaft der Shakespeare-Dramen! Leuten dieser Geistesverfassung kann man ebenso wenig beweisen, daß sie sich irren, wie denen, die sich einreden, der liebe Gott, der Kaiser von China oder der Papst zu sein.

Um das angebliche Geheimnis Bacons, dessen Verrat ihm das Leben gekostet hatte, müßten so viele Personen gewußt haben, wie man gemeinhin für so gefährliche Geheimnisse nicht wählt: zunächst Shakespeare selbst, dessen Schweigen Bacon erkauft habe; dann alle Zeitgenossen Shakespeares, die diesen als Dichter kannten und bezeugten; nach Shakespeares Tode Ben Jonson, Heminges und Condell, und wer nicht noch? Wirklich ist denn auch der Irrsinn vor diesen letzten Schlüssen nicht zurückgeschreckt — warum auch? — sondern hat behauptet: Ben Jonson und alle Welt habe um das Geheimnis gewußt, und Ben Jonsons Gedicht in der ersten Folio sei nur ein bestellter Betrug gewesen. Auch Francis Meres' Lobpreisung Shakespeares rühre eigentlich von Bacon her! Natürlich ist der Irrsinn auch noch weiter gegangen und hat Marlowes Dramen gleichfalls Bacon zugeschrieben. Das geht alles in Einem hin.

Die einzige Frage, die aus diesem wüsten Meer des Unsinns auftaucht und eine Beantwortung verdient, ist allenfalls diese: wie kommt es, daß in den vielen dicken Bänden, in den zahllosen Briefen Bacons sich keine einzige Erwähnung Shakespeares findet? Zunächst ist zu bemerken, daß, fände sich eine solche Erwähnung, sie von den Baconisten unfehlbar als ein Beweis für Bacons Dichterschaft gedeutet werden würde. Indessen den Baconisten, die solche Frage auswarfen, ist entgangen, daß Bacon nicht einen einzigen englischen Dichter erwähnt, weder Chaucer, noch Spenser, noch sonstwen! Bacon hatte eben nicht die geringsten dichterischen Interessen und war bei all seiner Gelehrsamkeit geradezu banausisch ungebildet in englischer schöner Literatur. Wie es mit seiner eigenen Dichterei, wie es überhaupt mit seinem Gefühlsleben stand, darüber belehre man sich durch die schaudervollen Beispiele auf S. 144 ff.

Es muß hier zur Vervollständigung des Beweises eine Einschaltung folgen über Barons wichtigstes literarisches Vermächtnis: die Essays, und über seine sogenannten „Dichtungen", d. h. die unter seinem Namen veröffentlichten, unbezweifelt echten.

Bacons Essays verdankten Art und Titel den Essais Montaignes, den er auf einer Reise nach Frankreich kennen gelernt. In einer Widmung an den Prinzen von Wales vom Jahre 1612 nennt er als Vorbild römische Schriften (Senecas Briefe), die kein Vorbild hierfür sind, verschweigt aber Montaignes Essais; erst 1625 führt er eine Stelle aus Montaigne an, ohne jedoch dessen Essais als Quelle zu benennen! Bacons Essays sind, wie Montaignes, Abhandlungen über wichtige Lebensfragen, bei Bacon z. B. über Wahrheit, Tod. Ehe und Ehelosigkeit, Liebe. Adel. Aberglauben u. s. w. Ihr Hauptverdienst besteht darin, die Engländer gelehrt zu haben, statt der Folianten und Quartos über ernste Gegenstände kurze Abhandlungen zu schreiben. Diese von Montaigne erfundene Form zuerst auf das Englische angewandt zu haben, bleibt Vacons Rechtstitel auf einen dauernden Platz in der Literaturgeschichte.

Es ist viel Kluges in Bacons Essays, auch hier und da Ursprüngliches und Tiefes, wenngleich kaum irgendetwas, das uns wie eine höhere Offenbarung anwehte, wie eine der Hunderte unvergeßlicher Aussprüche Shakespeares. Neben den einzelnen gescheiten Sätzen stehen aber unvergleichlich mehr Gemeinplätze und Plattheiten. Mit Montaignes beflügeltem, oft geradezu dichterischem Plauderstil verglichen erscheinen Bacons Essays doppelt prosaisch und schwerflüssig. Überhaupt muß betont werden: von allen bekannteren Schriftstellern des 16. Jahrhunderts, auch von den Prosaikern, ist Bacon der allerprosaischste, der nüchternverständigste und pedantischste. Als Probe seiner Essays sei eine Stelle aus dem Kapitel gewählt, das auch einem Prosaiker zur Not die Feder beschwingen kann, dem über die Liebe:

Men ought to beware of this passion, which loseth not only other things, but itselfe. — Whosoever esteemeth too much of amorous affection, quitteth both riches and wisdome. This passion hath his floods in the very timesof weaknesse, which are great prosperities and great adversities; though this latter hath beene lesse observed. Both which times kindle Love and make it more fervent, and therefore show it to be the childe of Folly (!). They do best, who, if they cannot but admit Love (!), yet make it keep quarter, and sever it wholly from their serious affaires and actions of life (!). For if it check once with busniss (!), it troubles men's fortunes and makes men that they can noways be true to their owne ends. —

Dies ist die Liebe bei Bacon!

Shakespeare schreibt in dem herrlichsten seiner Sonnette, die ihm auch von den Bacon-Narren nicht abgestritten sind, im 116., wie folgt über die Liebe:

Nichts kann den Bund zwei treuer Herzen hindern,
Die wahrhaft gleichgestimmt. Lieb' ist nicht Liebe,
Die Trennung oder Wechsel könnte mindern,
Die nicht unwandelbar im Wandel bliebe.
O nein! sie ist ein ewig festes Ziel,
Das unerschüttert bleibt in Sturm und Wogen,
Ein Stern für jeder irren Barke Kiel, —
Kein Höhenmaß hat seinen Wert erwogen. — —

Goethe hat über die Farbenlehre oder den Zwischenkiefer poetischer geschrieben, als Bacon über die Liebe.

Aber Bacon hat auch gedichtet, — wer hätte das im Zeitalter der Renaissance nicht! Es gibt von ihm Übersehungen einiger Psalmen, die so steifleinen sind, überdies so lang, daß sie ohne Probe bleiben müssen. Er hat auch, wie die Meisten seiner Zunft, der Advokaten, ein Gelegenheitsdrama verfaßt, eines jener Masques, die als Festspiele bei Hof oder in der Juristenvereinigung aufgeführt wurden und deren dichterischer Wert durchweg gleich Null ist, mit Ausnahme einiger von Ben Jonson. Bacons Maskenspiel Marriage of the Thames and the Rhine (1613) zur Vermälung einer englischen Prinzessin mit einem deutschen Fürsten ist wohl das Fürchterlichste an poesieloser Schwerfälligkeit, was von der Gattung überhaupt geblieben.

Doch auch ein ganz eignes Gedicht hat Bacon hinterlassen, das kurz genug ist zur vollständigen

Anführung. Also hat der Dichter Bacon „gedichtet", dem die Shakespeare-Dramen zugeschrieben werden:

Life.

The world's a bubble, and the life of man
Less than a span;
In his conception wretches, from the womb
So to the tomb;
Curst from his cradle, and brought up to years
With cares and fears:
Who then to frail mortality shall trust,
But limns on water, or but writes in dust.
Yet whilst with sorrow here we live oppress'd
What life is best?
Courts are but only superficial schools
To dandle fools;
The rural parts (!) are turn'd into a den
Of savage men;
And where's a city from foul vice so free
Bur may be term'd the worst of all the three?
Domestic cares afflict the husband's bed
Or pains his head (!),
Those that kive single take it for a curse,
Or do things worse;
Some would have children; those that have them
moan,
Or wish them gone (!):
What is it, then, to have or have no wife,
But single thraldom or a double strife?
Our own affections still at home to please

> Is a disease (!);
> To cross the seas to any foreign soil,
> Peril and toil;
> Wars with their noise affright us; when they cease,
> We are worse in peace: —
> What then remains, but that we still should cry
> For being born, or being born, to die?

Die Baconisten haben gegenüber diesem einzigen echten Zeugen Baconischer Dichtung nur zwei Möglichkeiten: entweder sie zu bewundern als ein erhabenes Meisterwerk, — oder zu erklären, Bacon habe, um seine Verfasserschaft der Shakespeare-Dramen zu verheimlichen, in seinem einzigen mit Namen versehenen Gedicht die ödeste Plattheit absichtlich verübt. Gelungen ist sie ihm zweifellos. Dafür daß er keine Ahnung von dem blühenden Zustande des englischen Dramas unter Shakespeare gehabt, wie er denn allen Fragen des Kunstlebens ganz fern gestanden, findet sich der schlagende Beweis in einer Äußerung seiner Unwissenheit aus demselben Jahre 1623, in dem die erste Folioausgabe Shakespeares erschien. Bacon schreibt: im Altertum habe das Theater geblüht, heutzutage aber sei es ganz vernachlässigt (disciplina theatri plane neglecta)! Das zu einer Zeit, als in London 14 Theater täglich vor vielen Tausenden spielten!

Carlyle hat das Richtige getroffen, als er die arme Irrsinnige Delia Bacon barsch abwies: „Ihr

Bacon hätte ebenso gut die Erde schaffen können, wie den ‚Hamlet'!" Und der unbestritten genaueste Kenner aller Schriften Bacons, sein letzter Herausgeber Spedding in Cambridge, der ein langes Leben an Bacons Durchforschung gesetzt, schrieb beim Auftauchen des Blödsinns: „Wäre irgendein Grund zu der Annahme vorhanden, daß der wahre Autor der Dramen Shakespeares ein Andrer sei, so glaube ich berechtigt zu sein zu der Behauptung: Wer es auch sei, Francis Bacon ist es nicht."

Die letzte Stufe des Baconismus ist in dem Buche E. Bormanns erreicht: „Das Shakespeare-Geheimniß". Er bildet unter den Baconisten eine lustige Gattung für sich. — Der Inhalt ist, außer der Wiederholung des alten Geredes über Shakespeares Unbildung und Bacons Wissen, insbesondere der Nachweis, daß Shakespeares, d. h. Bacons, Dramen nichts andres sind als dramatisierte Philosophie und Naturgeschichte. „Der Sturm": eine Ergänzung zu Bacons Abhandlung über die Winde, — Horatio im „Hamlet" ist natürlich: Ratio, die Vernunft, wie denn ja Horatio sehr vernünftig sei. — Falstaff ist der „Fallstoff" und verkörpert selbstverständlich das Gesetz von der Schwerkraft; der ins Wasser geworfene erhitzte Falftaff ist offenbar die Lehre von der Kälte und Wärme u.s.w., u.s.w. Man glaube aber nicht, daß diese Entdeckungen ganz neu sind: vor 15 Jahren hat ein Deutscher Namens Louvier genau dieselbe Erklärungsweise an Goethes Faust, an Gretchen, Valentin, Martha Schwertlein, erprobt. — Es ist anzunehmen, daß Bormann, sonst ein verständiger Mann, kaum noch überboten werden wird, obgleich man in solchen Dingen nichts voraussagen kann.

Eines aber darf zum Trost hinzugefügt werden: nicht ein einziger ernster Shakespeare-Forscher, nicht ein einziger Mann von irgendwelcher Bedeutung, dessen Wort über Shakespeare das geringste Gewicht hätte, ist teilhaftig des Bacon-Wahns geworden. Widerlich im höchsten Maße, abgeschmackt und albern mehr als Worte sagen können, ist diese Wahnvorstellung ausschließliches Eigentum einiger kranker, unwissender oder aufsehenlüsterner Menschen geblieben, mit der Niemand sich abzugeben brauchte, wäre nicht die aus Unwissenheit oder Snobbismus hinterherlaufende Masse der sogenannten „Gebildeten".

Dieser Wahn wird, wie jeder in der langen Reihe der Geistesverirrungen, durch Gründe nicht vernichtet werden. Irrsinn wird durch Gründe nicht geheilt. Er wird aussterben durch die öde Dummheit und Langweile, die ihm anhaftet, sobald sein Modereiz keine Wirkung mehr übt; er wird in sich zusammensinken und erloschen, und nach einiger Zeit wird man so wenig von ihm sprechen wie von dem ganz ähnlichen Wahn: die Mönche in den Klöstern des

Mittelalters hätten die griechische und römische Literatur verfaßt.

Indessen auch etwas Gutes hat der Bacon-Wahn bewirkt, wie es denn scheint, als müsse solchen schon bei Lebzeiten so hoch begnadeten Menschensöhnen wie Shakespeare auch nach dem Tode noch alles zum Besten sich wenden. Nie ist die Erforschung der wahren Bedeutung Shakespeares für seine Zeit und alle Seiten so lebendig und so liebevoll am Werke gewesen, wie gerade seit dem Entstehen jener Krankheit. Es ist, als beginne erst jetzt für ihn eine Zeit allgemeinster Verbreitung. Das Erscheinen einer deutschen Volksausgabe seiner Dramen in 20 starken Auflagen und das Brandessche Werk sind dafür die besten Beweise.

Und wenn alle literarischen Tollhäusler der Welt aufstehen und an William Shakespeares Namen ihre Tollheiten verüben, das Wort Herders wird darum in Zukunft wie seit 150 Jahren seine Geltung bewahren: „Wenn bei einem Manne mir jenes ungeheure Bild einfällt: hoch auf einem Felsengipfel sitzend; zu seinen Füßen Sturm, Ungewitter und Brausen des Meeres; aber sein Haupt in den Strahlen des Himmels, — so ist's bei Shakespeare. Nur freilich auch mit dem Zusatz, wie unten am tiefsten Fuß seines Felsentrones Haufen murmeln, die ihn erklären, retten, verdammen, entschuldigen, anbeten, verleumden, übersetzen und lästern, — und die er alle

nicht höret!"

Bücherkunde.

(Die nachstehende Übersicht enthält natürlich aus der ungeheuren Fülle nur das Wichtige. Ein ganz kurzer Auszug steht auf S. 92,)

Bibliographie: Katalog der Bibliothek der Deutschen Sh.-Gesellschaft (Band 24 des Jahrbuchs und Nachtrage). — Thimm: Shakespeareana from 1564 to 1870. — Regelmäßige Bibliographie herausgg. vom Buchhändler Albert Cohn (Berlin). — Katalog: „The Stratford Museum", London 1868. Veröffentlichungen von Sh,-Gesellschaften: 1. Jahrbuch der Deutschen Sh.-Ges. (bis jetzt 32 Bände). Das Jahrbuch und das Hauptverzeichnis dazu sind unentbehrliche Hifsmittel zur eingehenden Forschung. — 2. Schriften der Sh.-Society (43 Werke). — 3. Schriften der New Sh.-Society (8 Reihen).

Ausgaben: Photographischer Abdruck der ersten Folioausgabe, von Halliwell-Phillipps (1875). — Beste neuere Ausgaben: von Halliwell, von Delius; von Furneß (seit 1871) mit allen Lesarten, die großartigste Ausgabe, noch nicht halb-vollendet; — von Wagner und Pröscholdt. Ferner die Tauchnitz-Ausgabe nach der guten von Dyce. — Die bequeme billige Globe-Edition in einem Bande. — J. Winsor: A bibliography of the original quartos and folios (mit Nachbildungen). — In der Königlichen Bibliothek zu Berlin befinden sich die 4 ersten Folioausgaben: von 1623, 1632, 1664, 1685.

Bildliche Darstellungen: J. P. Norris: The portraits of Sh. — J. H. Friswell: Life portraits of Sh. — Sh.-Jahrbuch von 1896.

Leben: Die älteste Lebensbeschreibung von Rowe (1709) in seiner Ausgabe der Werke. — Die beste deutsche Lebensbeschreibung ist die von K. Elze. — Derselbe: Abhandlungen zu Sh. — Wertvolle Werke sind noch: N. Drake: Sh. And his times. — J. D. Halliwell: Outlines of a Life of W. Sh. Vorzügliche kritische Zusammenstellung des Wissens nach Urkunden und Ortsüberlieferung. Derselbe: Illustrations of the life of Sh. — Neil: Sh., a critical biography. — M. Koch: Sh. — Dowden: Sh. primer. — Ch. Knight: A biography of W. Sh. — H. Kurz: Zu Sh.'s Leben und Schaffen. — R. Gense: Sh. Sein Leben und seine Werke, — C. M. Ingleby: A century of praise (wichtig als Sammlung zeitgenössischer Erwähnungen Sh.'s), — Wertvolle Ergänzung dazu: F. J. Furnivall: Some 300 fresh allusions to Sh. — Derselbe:Sh., the man and the book.— Fleay: A chronicle history of the life and work of W. S.

Wichtige ästhetische Werke über Sh.: Gervinus: Sh. — Ulrici: Sh.'s dramatische Kunst. — Kreißig: Vorlesungen über Sh. — Nümelin: Sh.Studien eines Realisten. — Dowden: Sh. A critical study of his mind and art. — Heinrich Heine: Die Mädchen und Frauen in Sh.'s drama-

tischen Werken. — Fr. Bodenstedt: Sh.'s Frauencharaktere. — Otto Ludwig: Sh.- Studien. — W. Hazlitt: Characters of Sh.'s plays — L. Noiré: Zwölf Briefe eines Shakespearomanen. — R. Venedix: Die Shakespearomanie (eines der dümmsten Bücher über Sh., aber gerade darum auch lehrreich). — A. Swinburne: A study of Sh.
— A. Brandt: Sh. — W. Wetz: Die Menschen in Sh.'s Dramen. — Sh. Vom Standpunkt der vergleichenden Literaturgeschichte. — B. ten Brink: Sh. Fünf Vorlesungen. — Georg Brandes: W. Sh. (ein großartiges Buch!)

Sprache: A. Schmidt: Sh.- Lexikon. — Clarke: The complete concordanc to Sh. — Delius: Sh.-Lexikon. — E. A. Abbott: Shakespearian grammar. — Deutschbein: Sh.-Grammatik für Deutsche.— Siddons: The Shakespearian referee. — Browne: Notes on Sh.'s versification. — Th. Dolby: The Shakespearian dictionary.

Quellen: K. Simrock: Die Quellen des Sh. in Novellen, Märchen und Sagen. — Hazlitt: Sh.'s library (Hauptwerk). — Boswell-Stone: Sh.'s Holinshed. — F. A. Leo: Neudruck der Northschen Plutarch- Übersetzung (Hauptquelle für Coriolan, Julius Caesar.).

Über Hamlet: A. Groth: Der Hamlet von Sh. — H. von Friesen: Briefe über Sh.'s H. — K. Werder: Vorlesungen über Sh.'s H. (das beste Werk) — R. Loening: Die H.-Tragödie Sh.'s. — H. Türck: Das psychologische Problem in der

H.- Tragödie. — K. Fischer: Sh.'s H.

Zweifelhafte Stücke: The doubtful plays of W. Sh., von Delius, M. Moltke (Tauchnitz), Hazlitt, Warnke und Pröscholdt (die beste). — Übersetzungen von Tieck, Delius, Ortlepp, Baudissin, M. Moltke. — Vincke: Die zweifelhaften Stücke Sh.'s (Sh.-Jahrbuch 8). — N. Sachs darüber: Jahrbuch 28. — Ulrici: Sh.'s dramatische Kunst, Band 3.

Sonnette: O. Massey: Sh.'s sonnets. — Boaden: On the sonnets of Sh. — Delius: Über Sh.'s Sonnette (Sh.-Jahrbuch, Band 1). — v. Friesen: (ebenda, Band 4). — H. Brown: The sonnets of Sh. solved. — D. Barnstorff: Schlüssel zu Sh.'s Sonnetten. — Krauß: Sh.'s Selbstbekenntnisse.

Sh. in Deutschland: Koberstein: Sh.'s allmähliches Bekanntwerden in Deutschland. — I. Tittmann: Die Schauspiele der englischen Komödianten in Deutschland. — Rovenhagen: Lessings Verhältnis zu Sh. — Sauer: Goethes Götz und Sh. — R. Gense: Geschichte der Sh.'schen Dramen in Deutschland. — Stahr: Sh. in Deutschland. — A. Cohn: Sh. In Germany in the 16th and 17th centuries. — Ramsey: Sh. in Germany — Fr. Bischer: Sh. in seinem Verhältnis zur deutschen Poesie. — Hense: Deutsche Dichter in ihrem Verhältnis zu Sh. (Sh.-Jahrbuch, Bände 5 und 6), — L. Unflad: Die Sh.-Literatur in Deutschland. — M. Bernaus: Zur Entstehungsgeschichte des Schlegelschen Sh. —

Suphan: Sh. im Anbruch der klassischen Zeit unserer Litteratur (Jahrbuch 25).

Wichtigste deutsche Übersetzungen: von Wieland (1762—1766), — I. I. Eschenburg (1775), — Schlegel-Baudissin (fälschlich Tieck) (1797—1838). Hiervon beste neue Ausgabe von A. Brandt (1897); — billige Volksausgabe der Deutschen Sh.-Gesellschaft, durch W. Oechelhäuser, — von Max Moltke (1866), — von Bodenstedt, Gildemeister, Herwegh, P. Heyse, H. Kurz, A, Wilbrandt, mit Bildern von Gilbert. — Sh. dramatische Werke für die deutsche Bühne bearbeitet von W. Oechelhäuser. — Fr. Dingelstedt: Sh.'s Historien. Deutsche Bühnent Ausgabe. — Sh.'s Gedichte deutsch von W. Jordan, — K. Simrock, — A. von Mauntz. — Die Sonnette deutsch von Fr. Bodenstedt, — O. Gildemeister. — Sh.'s Epische Gedichte deutsch von F. Freiligrath,

Sh. in Frankreich: Älteste Übersetzung von Delaplace in dessen Théâtre Anglais (1746). — Letourneurs Übersetzung (1776), in neuer Ausgabe von Guizot. — Entstellende Bearbeitungen von Ducis in dessen Ouvres. — Ferner Übersetzungen einzelner oder aller Dramen: von A. de Vigny und Anderen.

Wichtige Werke über Sh.: A. Lacroix: Histoire de l'influence de Sh. sur le théâtre français — V. Hugo: William Shakespeare. — Guizot: Sh. et son emps. — Stapfer: Sh. et l'antiquité. — Sh. et la critique allemande. — Mézières: Sh., ses ouvres et ses critiques. — Voltaire: Lettre á l´Académie (über Sh.) von 1776. — I. Baretti: Discours sur Sh. et sur Mr. De Voltaire (1777). — Jusserand; Sh. sous l´ancien régime (Zeitschrift „Kosmopolis" 1896).

Der Bacon-Wahn: Lydia Bacun: The philosophy of the plays of Sh. — Frau Henry Pott: Bacon's Promus. — Hiergegen: E. Engel: Hat Francis Bacon die Dramen Sh.'s geschrieben? — N. Holmes: The authorship of Sh. — N. Morgan: The Shakespearian Myth. — Graf Vitzthum von Eckstädt: Shakespaere und Shakspere. — R. Wülker: Die Sh.-B.-Theorie. — E. Hermann: Urheberschaft und Urquell von Sh.'s Dichtungen. — C. Stopes: The B.-Sh. question answered (bestes Werk). — K. Lentzner: Zur Sh.-B. Theorie. — K. Fischer: Sh. und die Bacon-Mythen. — R. Boyle: Sh. der Verfasser seiner Dramen. — A. Tetzlaff: Die Sh.-B. Frage. — Sarrazin: Sh.'s Enttronung (Wochenschrift „Die Zukunft" 1896) (vortrefflich). — Wyman: Bibliography of B.-Sh. controversy. — E. Reichel: Sh.-Litteratur. — J. Donnelly: The great Cryptogram.Th. Martin: Sh. or B.? — K. H. Schaible: Sh. der Autor seiner Dramen. — J. Schipper: Zur Kritik der Sh.-B. Frage. — Sh. und dessen Gegner. — Der Bacon-Bacillus. — E. Bormann: Das Sh.-Geheimnis. — P. P. Hamlet (R. Genée): Das Goethe-Geheimnis (eine gelungene Verspottung).

Kleine Shakespeare-Bibliothek. Ausgaben: Globe oder Tauchnitz. — Deutsche Übersetzung: Schlegel-Baudissin in der Volksausgabe der Deutschen Sh.-Gesellschaft. — Leben: von Elze, Brandl, Halliwell. — Hauptwerk, das die andern entbehrlich macht: Georg Brandes: W. Sh. — Jahrbuch der Deutschen Sh.-Gesellschaft (unerschöpfliche Fundgrube). — Ingleby:A century of praise. — Photographischer Neudruck der ersten Folio (für 10 sh bei Chatto & Windus, London).

www.ingramcontent.com/pod-product-compliance
Lightning Source LLC
Chambersburg PA
CBHW021711230426
43668CB00008B/801